... **Títulos relacionados**

INSERCIÓN LABORAL DE PERSONAS CON DISCAPACIDAD SSCG0109

[DISPONIBLE CERTIFICADO COMPLETO]

Solicítalos en
- Librería
- www.paraninfo.es
- Solicitudes nacionales +34 914 463 350
- Solicitudes fuera de España +34 913 308 907
                             +34 913 308 919

Seguimiento del proceso de inserción sociolaboral de personas con discapacidad

Cristina de Alba Galván

Paraninfo

© 2024 Ediciones Paraninfo, S. A.
© 2024 Cristina de Alba Galván

Edición y maquetación: Ediciones Nobel, S. A.

Impresión: Liberdigital (Casarrubuelos, Madrid)
ISBN: 978-84-283-7073-8
Depósito legal: M-27265-2024

Impreso en España

Autora

Cristina de Alba Galván es licenciada en Psicología por la Universidad de Sevilla, con formación de posgrado en Dirección y Gestión de Recursos Humanos.

Su trayectoria profesional se ha centrado en la gestión de personas, realizando tareas de análisis de perfiles profesionales, selección, formación y desarrollo del talento humano. Ha colaborado con equipos multidisciplinares, participando en labores de intermediación laboral y coordinado estudios y proyectos de investigación y evaluación, tanto en el sector público como privado.

Es colaboradora en medios digitales, donde ha publicado artículos sobre desarrollo personal y profesional, así como sobre temas relacionados con empleo y formación.

Índice

Introducción normativa

La Ley Orgánica 3/2022, de 31 de marzo, de ordenación e integración de la Formación Profesional, contiene una disposición derogatoria única que afecta a la regulación de los certificados de profesionalidad, ahora denominados **Certificados Profesionales.** La referida normativa deroga la Ley Orgánica 5/2002, de 19 de junio, de las Cualificaciones y de la Formación Profesional, y abre un escenario de cambios que se irán implementando progresivamente.

La Ley Orgánica 3/2022, de 31 de marzo, de ordenación e integración de la Formación Profesional implica que toda la formación es acumulable. La oferta formativa se estructura de forma escalonada, siendo los Certificados Profesionales un nivel intermedio (Grado C) de una escala que va desde el Grado A hasta el E.

En los artículos 35 a 38 de la Ley 3/2022 se describe en qué consisten estos Certificados Profesionales: su oferta, formación asociada, estructura, duración, acceso, titulación y validez. Posteriormente, esta normativa se completa con lo dispuesto en el Real Decreto 659/2023, de 18 de julio, que desarrolla la ordenación del sistema de Formación Profesional. Concretamente en los artículos 67 a 81 es donde se hace referencia a la oferta formativa de Grado C, correspondiente a los Certificados Profesionales.

Están agrupados en 26 familias profesionales con características comunes del sector. En la actualidad hay más de medio millar de Certificados Profesionales incluidos en el Repertorio Nacional. Esta cifra no deja de crecer. Además, cada certificado está específicamente regulado por un real decreto.

Un Certificado Profesional corresponde al Grado C de la oferta del Sistema de Formación Profesional. Es un documento oficial, con validez en todo el territorio nacional y debe constar en el Catálogo Nacional de Ofertas de Formación Profesional, que certifica la capacitación para el desarrollo de una actividad profesional.

Debe detallar los módulos profesionales superados y los estándares de competencia profesional asociados a él e incluidos en el **Catálogo Nacional de Estándares de Competencias Profesionales**, así como su correspondencia con el Marco Español de Cualificaciones.

Despliegan su validez en un doble ámbito, laboral y académico:

- En el contexto laboral tienen validez profesional, porque acreditan las competencias en una determinada profesión. Para poder trabajar en algunas profesiones, se exigen determinadas cualificaciones, y los certificados sirven para acreditarlas.

- Asimismo, tienen validez académica, puesto que permiten continuar un itinerario formativo siempre que se cumplan los requisitos de acceso para cursar la titulación deseada. De tal modo que, los Certificados Profesionales que sean parte de un Grado D permitirán la matrícula modular para completar los módulos establecidos en el currículo y obtener el correspondiente título de técnico básico, técnico o técnico superior con validez en todo el territorio nacional.

Para obtener un Certificado Profesional (Grado C) es preciso cumplir con los requisitos de acceso para realizar la formación.

Estructura de los Certificados Profesionales

I. Identificación: denominación, familia y área profesional a la que pertenecen; nivel de cualificación profesional (1, 2 o 3); cualificación profesional de referencia; entorno profesional y módulos formativos que esté previsto cursar junto con la duración de cada uno de ellos.

II. Perfil profesional: incluye las competencias profesionales requeridas en el mercado laboral. En todas ellas se concretan las realizaciones profesionales y los criterios de realización.

III. Formación: describe los módulos formativos que esté previsto cursar para adquirir las competencias requeridas. En cada uno de ellos se indican las capacidades que se pretende alcanzar y la duración del módulo de prácticas no laborales —PNL—, para el que cabe solicitar exención si se cumplen determinados requisitos.

IV. Prescripciones de las personas formadoras.

V. Requisitos mínimos de espacios, instalaciones y equipamiento.

Los Certificados Profesionales se identifican con una denominación concreta y un código alfanumérico propio, y sirven para acreditar una determinada cualificación profesional. Cada certificado está asociado a una relación de unidades de competencia que, a su vez, se vinculan con una serie de módulos formativos específicos. Algunos módulos están integrados por unidades formativas y tanto unos como otras son, en ocasiones, transversales, lo que significa que se trata de contenidos incluidos en más de un Certificado Profesional.

Los Certificados Profesionales se articulan en tres niveles de competencia profesional (1, 2 y 3) conforme a lo dispuesto en el que será el Catálogo Nacional de Estándares de Competencias Profesionales, anteriormente Catálogo Nacional de Cualificaciones Profesionales (CNCP), según los criterios establecidos de conocimientos, iniciativa, autonomía y complejidad de las tareas, en cada una de las ofertas de Formación Profesional.

La oferta formativa dirigida a la obtención de los Certificados Profesionales tiene carácter modular para favorecer la acreditación parcial acumulable de la formación recibida y posibilitar así el avance en el itinerario de Formación Profesional para cualquiera que sea la situación laboral de cada persona en cada momento.

En definitiva, el Grado C constituye la oferta, parcial y acumulable, del sistema de Formación Profesional, de varios módulos profesionales del catálogo modular de Formación Profesional por razón de su significado en el mercado laboral y conducente a la obtención de un Certificado Profesional.

Las ofertas de Grado C de Formación Profesional tendrán por objeto módulos profesionales incluidos previamente en el catálogo modular de formación profesional y asociados al Catálogo Nacional de Estándares de Competencias Profesionales.

Finalidad de los Certificados Profesionales

- Contribuir a la ordenación de un Sistema de Formación Profesional al servicio de un régimen de formación y acompañamiento profesionales que sea capaz de responder con flexibilidad a los intereses, expectativas y aspiraciones de cualificación profesional de las personas a lo largo de su vida.

- Combinar escuela y empresa situando a la persona en el centro del sistema.

- Facilitar el aprendizaje permanente de toda la ciudadanía mediante una formación abierta, flexible y accesible, estructurada de forma modular, a través de la oferta formativa asociada al certificado.

- Acreditar las cualificaciones profesionales o las unidades de competencia recogidas en estas, independientemente de su vía de adquisición, bien sea través de la vía formativa, o mediante la experiencia laboral o vías no formales de formación.

- Favorecer, tanto a nivel nacional como europeo, la transparencia del mercado de trabajo.

- Contribuir a la calidad de la oferta de Formación Profesional.

Este libro

El presente libro desarrolla el módulo formativo denominado *Seguimiento del proceso de inserción sociolaboral de personas con discapacidad,* MF1037_3.

Dicho módulo formativo está asociado a la Unidad de Competencia UC1037_3, perteneciente a la Cualificación Profesional de referencia SSC323_3, de nivel 3, incluida en el Certificado de Profesionalidad denominado *Inserción laboral de personas con discapacidad,* dentro de la familia profesional Servicios Socio-culturales y a la comunidad.

Según el Real Decreto RD 721/2011, de 20 de mayo, los contenidos que en esta obra se recogen se corresponden con una duración de 40 horas.

Tanto la estructura como el desarrollo del libro se ajustan al citado real decreto y más concretamente a los contenidos del Módulo Formativo que le da título *Seguimiento del proceso de inserción sociolaboral de personas con discapacidad,* MF1037_3.

Contenidos

1. **Evaluación de programas de inserción sociolaboral**
   - Objetivos y contenidos de la evaluación de programas de inserción laboral:
     - Modelos de evaluación de programas
     - Variables de evaluación
   - Objetivos
   - Efectos del programa
   - Proceso
   - Rendimiento laboral y calidad del trabajo:
     - Criterios de calidad
   - Instrumentos y técnicas de recogida de información:
     - Selección de las fuentes de información
     - Herramientas de recogida de la información

2. **Seguimiento de programas de inserción sociolaboral**
   - Indicadores de éxito en los programas de inserción sociolaboral de personas con discapacidad:
     - Trabajador y familia

- Empleador
- Profesional que presta el apoyo (preparador laboral)

— Análisis de los resultados y elaboración de informes de evolución

- Objetivos, estructura y contenidos del informe de evolución
- Comunicación de los resultados de la evaluación

— La retirada de los apoyos y la planificación de los nuevos aprendizajes

3. **Análisis de la calidad de vida tras la incorporación laboral**

— Impacto del empleo en la calidad de vida de las personas con discapacidad:

- Desde el punto de vista del trabajador
- Desde el punto de vista de la familia y/o su entorno personal

— Desarrollo personal y profesional de la persona con discapacidad tras la incorporación laboral

Nota del editor

En Ediciones Paraninfo estamos comprometidos con la calidad de la formación e intentamos que nuestros materiales, respondan fielmente y con rigor a las necesidades de todos cuantos confían en nuestro sello editorial.

Tratamos de dar respuesta a los currículos de las unidades formativas y de los módulos que integran los distintos Certificados Profesionales, equilibrando la parte teórica con la práctica para que los procesos de aprendizaje se conviertan en experiencias gratificantes tanto para docentes como para las personas inmersas en los procesos formativos.

Contribuir de forma decisiva a afianzar aprendizajes, ayudar a adquirir destrezas que tengan significado para el empleo y conseguir potenciar el desarrollo personal es nuestra mayor satisfacción como editores.

Para lograrlo contamos con excelentes autores, expertos en las materias que abordan, en la mayoría de los casos docentes de dichas especialidades con dilatada experiencia profesional y académica, porque buscamos perfiles familiarizados con los contextos laborales concretos a los que se refieren nuestros manuales.

Confiamos en poder serte de ayuda y esperamos tus impresiones acerca de nuestro trabajo. Sean positivas o negativas, serán muy bien recibidas y, sin duda, nos ayudarán a seguir mejorando y trabajando con ilusión para continuar siendo un referente en formación para el empleo.

Agradecemos tu confianza en nuestros manuales. Todo nuestro equipo queda a tu total disposición. Puedes contactar con nosotros en esta dirección de correo electrónico: info@paraninfo.es.

Objetivos

- Efectuar el seguimiento de la inserción sociolaboral con la empresa, el usuario y su entorno personal.

- Analizar el proceso de seguimiento al usuario en función del programa previsto para su inserción laboral.

- Establecer procedimientos de contacto con la empresa que permitan el intercambio periódico de información acerca del proceso de inserción laboral del usuario.

- Proponer actuaciones que favorezcan el establecimiento de vínculos con el entorno personal del usuario.

- Participar en los procesos de trabajo de la empresa, siguiendo las instrucciones establecidas en el centro de trabajo.

1. Evaluación de programas de inserción sociolaboral

Contenido

Introducción

La inserción laboral es uno de los pilares de la integración social de las personas con discapacidad. Una de las herramientas más efectivas para promover esta integración sociolaboral es el diseño e implementación de itinerarios de inserción laboral personalizados.

Los itinerarios de inserción son procesos centrados en las personas que engloban un conjunto de actuaciones secuenciadas, las cuales tienen como objetivo facilitar a las personas los recursos que necesitan para gestionar con autonomía sus propios procesos de inserción laboral.

> *«Un itinerario de inserción es el recorrido a seguir para lograr la plena ciudadanía. Siguiéndolo se desanda el camino que llevó a la exclusión, realizando los aprendizajes necesarios y supliendo las carencias que permitan al individuo su inserción sociolaboral»* (Luis María López-Aranguren, 1999).

Los itinerarios deben ser flexibles y tener capacidad de adaptación a las diversas circunstancias cambiantes de la persona y de su entorno. Cada itinerario de inserción laboral debe ser personalizado, teniendo en cuenta las características específicas de cada caso en la delimitación de los objetivos y en la descripción de las actuaciones o intervenciones que se van a articular.

Las personas con discapacidad conforman un colectivo que puede beneficiarse en gran medida de los itinerarios de inserción sociolaboral. L. M. López-Aranguren (2002) señaló que «gracias a dichos itinerarios, los individuos inempleables se convierten en ciudadanos empleables».

Esquema general del proceso de inserción

El esquema general que siguen los itinerarios de inserción laboral es el siguiente:

a. *Fase de acogida*

Sus principales objetivos son:

- Fomentar el compromiso y la participación de las personas.

- Realizar un diagnóstico de su empleabilidad.

- Construir el itinerario a seguir.

Para alcanzar estos objetivos, se llevan a cabo tres tipos de entrevista:

- Entrevista inicial o de acogida.
- Entrevista de diagnóstico.
- Entrevista de devolución y compromiso.

b. *Fase de desarrollo*

En esta segunda fase se apoya y acompaña a la persona en su proceso de inserción y, además, se evalúa el impacto de las intervenciones realizadas. Durante esta etapa se desarrollan tres tipos de entrevistas:

- Entrevista de seguimiento.
- Entrevista de mantenimiento del empleo.
- Entrevista de renovación del compromiso.

c. *Fase de cierre*

Una vez alcanzados los objetivos propuestos, el proceso de inserción laboral finalizará con la realización de una entrevista de evaluación y cierre, en la que se valoran aspectos como la mejora de la empleabilidad de la persona, su grado de compromiso e implicación, la valoración de las intervenciones realizadas, etcétera.

Para alcanzar la plena integración laboral de las personas con discapacidad, no es suficiente con conseguir el acceso de las mismas a un puesto de trabajo acorde a sus capacidades, potencialidades y preferencias. Resulta imprescindible también garantizar la estabilidad y el mantenimiento del empleo. Tras la incorporación de una persona a un puesto de trabajo, comienza una etapa clave dentro de un itinerario de inserción laboral, que debe estar marcada por un acompañamiento y seguimiento continuo que facilite la permanencia en el puesto, la integración laboral en la empresa y en el mercado de trabajo.

En definitiva, la necesidad de realizar un seguimiento y evaluación del proceso de inserción sociolaboral de personas con discapacidad responde a las especiales dificultades que presenta este colectivo no solo para acceder al empleo sino, especialmente, para mantenerlo.

El seguimiento del proceso de inserción sociolaboral es un proceso planificado, organizado y sistemático que se encuentra al servicio de las metas propuestas. El seguimiento pretende garantizar el mantenimiento del puesto de trabajo mediante la realización de tres tipos de actuaciones:

a. *Seguimiento a la persona usuaria en función del programa de inserción previsto*

   El seguimiento individualizado a la persona usuaria se lleva a cabo para alcanzar los siguientes objetivos:

   - Comprobar la generalización de los aprendizajes adquiridos en las primeras fases.

   - Supervisar el grado de autonomía y/o independencia alcanzado.

   - Detectar nuevas necesidades y/o demandas del usuario, para poder determinar las actuaciones a seguir.

   - Disminuir progresivamente la intensidad de apoyo para maximizar la autonomía de la persona en el entorno laboral.

   - Valorar el grado de adaptación y satisfacción con referencia al proceso desarrollado y a los objetivos alcanzados.

b. *Contactos periódicos con la empresa*

   La realización de contactos periódicos con la empresa se lleva a cabo para alcanzar los siguientes objetivos:

   - Supervisar la actuación del trabajador con discapacidad en el contexto laboral, verificando su desempeño, rendimiento y adaptación social.

   - Determinar nuevas necesidades y/o demandas de la empresa para establecer nuevas estrategias de actuación.

   - Conocer la valoración que realiza la empresa sobre el proceso de inserción y los resultados obtenidos.

c. *Establecimiento de vínculos con el entorno personal del usuario*

El intercambio de información con el entorno personal del trabajador con discapacidad se puede realizar a demanda del entorno o del propio profesional, con los siguientes objetivos:

- Valorar el funcionamiento general del usuario tras su incorporación al entorno laboral.

- Contrastar la información aportada por la persona en relación a la consecución de los objetivos.

- Fomentar la implicación del entorno en el proceso de adaptación e inserción sociolaboral.

- Determinar las actuaciones complementarias que faciliten el éxito del proceso.

1.1. Objetivos y contenidos de la evaluación de programas de inserción laboral

Evaluar supone «un proceso sistemático, metódico y neutral que hace posible el conocimiento de los efectos de un programa, relacionándolos con las metas propuestas y los recursos movilizados» (Jacinto y Gallart, 1998). Otra definición del concepto es la propuesta por la Organización de Naciones Unidas (ONU, 1984). Este organismo señala que evaluar consiste en «llevar a cabo un proceso encaminado a determinar sistemática y objetivamente la pertinencia, eficiencia, eficacia e impacto de todas las actividades a la luz de sus objetivos. Se trata de un proceso organizativo para mejorar las actividades todavía en marcha y ayudar a la administración en la planificación, programación y toma de decisiones futuras».

Según Pérez Juste (1997), la evaluación de programas es «un proceso sistemático, diseñado intencional y técnicamente, de recogida de información rigurosa (valiosa, válida y fiable), orientado a valorar la calidad y los logros de un programa, como base para la posterior toma de decisiones de mejora tanto del programa como del personal implicado y, de modo indirecto, del cuerpo social en que se encuentra inmerso».

La evaluación de un programa de inserción se lleva a cabo para alcanzar los siguientes objetivos:

- Determinar el grado de consecución de los objetivos propuestos.
- Mejorar los procedimientos.
- Recibir *feedback* sobre el grado de efectividad del programa de inserción.
- Identificar posibles mejoras y/o necesidades no cubiertas.
- Evaluar el rendimiento y la calidad del trabajo.
- Informar de los resultados obtenidos a otros agentes (familia, otros profesionales, etcetera).
- Servir como base para la disolución de apoyos.
- Conocer el grado de satisfacción de los agentes implicados con el programa.

- Elegir técnicas de inserción laboral en función de su efectividad demostrada.

- Justificar la eliminación de actividades innecesarias.

- Formular juicios de valor que apoyen la toma de decisiones sobre los programas.

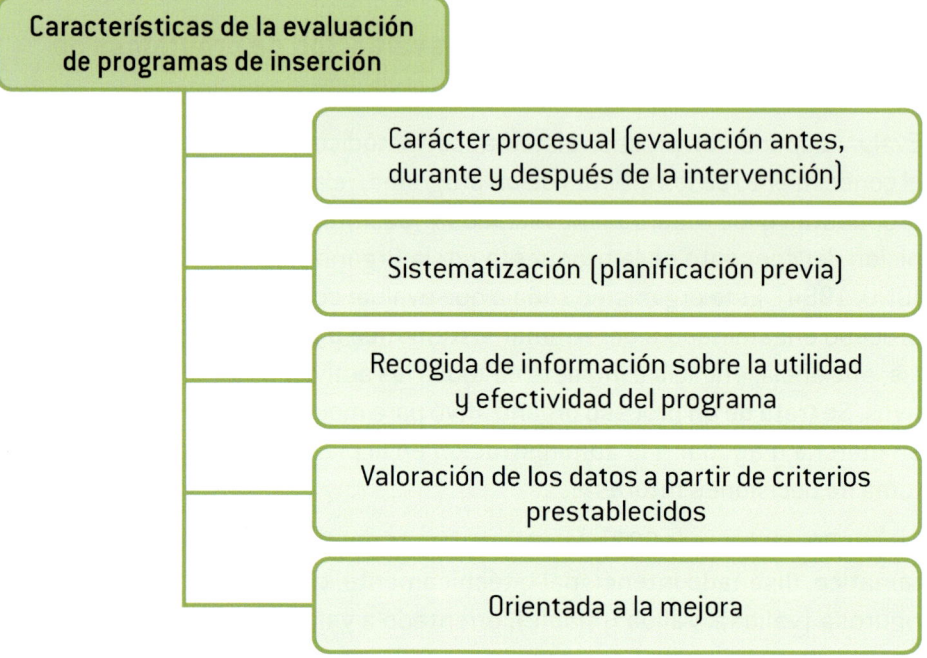

Características de la evaluación de programas de inserción

- Carácter procesual (evaluación antes, durante y después de la intervención)

- Sistematización (planificación previa)

- Recogida de información sobre la utilidad y efectividad del programa

- Valoración de los datos a partir de criterios prestablecidos

- Orientada a la mejora

Metodología de la evaluación de programas

Cada proceso de inserción sociolaboral tiene una serie de elementos y características específicas que le diferencian del resto (características de la persona con discapacidad, su entorno, el mercado laboral, los apoyos recibidos, el itinerario de inserción diseñado, etc.). Estas particularidades hacen necesaria la adaptación de cada seguimiento. Por ello, es necesaria la elaboración de un diseño de evaluación del programa de inserción único y particular en cada caso.

Sin embargo, pueden darse las siguientes orientaciones metodológicas generales para la evaluación de programas:

a. La evaluación de programas de inserción laboral debe contener valoraciones de los siguientes elementos:

- Grado de cumplimiento de los objetivos propuestos y del plan establecido (itinerario de inserción) y valoración de posibles desviaciones en relación con el ámbito de actuación, las metas y los objetivos, las líneas de intervención, etcétera.

- Efectos producidos por los programas de inserción (naturaleza y extensión del impacto). La evaluación de los programas de inserción debe permitir observar los efectos producidos no solo en las personas, sino también en las propias empresas y en el entorno personal del usuario.

b. Cualquier modelo de evaluación de programas debe atender a tres dimensiones: conceptual, metodológica y operativa.

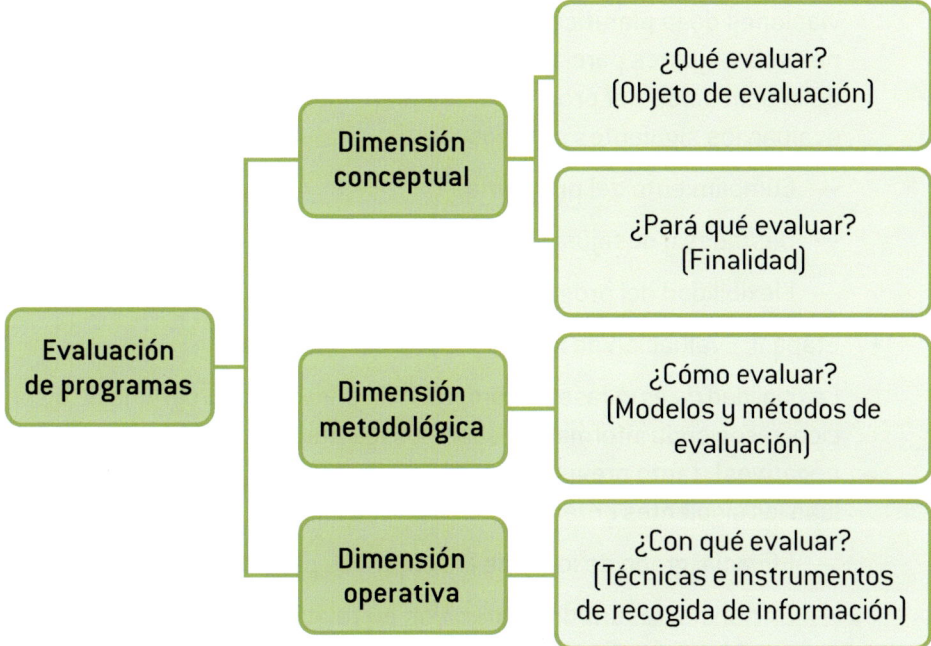

c. La evaluación de programas se realiza en diferentes etapas: evaluación del programa en sí, evaluación de su implantación y evaluación de sus efectos.

- Etapa 1. Evaluación del programa:

  La finalidad de esta fase es determinar la calidad técnica del programa y su viabilidad, recogiendo información sobre la fundamentación del programa, su formulación y su relación con las necesidades, demandas y expectativas de las personas usuarias. En esta etapa se evalúan los siguientes criterios:

  — Calidad, pertinencia y realismo de objetivos.

  — Adecuación y ajuste entre los objetivos, el contexto y la persona usuaria.

  — Suficiencia y adecuación de los apoyos y recursos para alcanzar los objetivos.

— Calidad técnica del programa de inserción.

— Viabilidad del programa.

- Etapa 2. Evaluación de la implantación del programa:

  La finalidad de esta fase es facilitar la toma de decisiones de mejora durante el desarrollo del programa, recogiendo información sobre la ejecución del programa, los resultados intermedios y las posibles desviaciones de la planificación. Esta evaluación permite tomar decisiones sobre ajustes parciales y, en casos extremos, sobre la suspensión de la aplicación del programa de inserción laboral. En esta etapa se evalúan los siguientes criterios:

  — Cumplimiento del programa.

  — Desfases y desajustes.

  — Flexibilidad del programa y adaptaciones.

- Etapa 3. Evaluación de los resultados del programa:

  La finalidad de esta fase es comprobar la eficacia del programa de inserción, recogiendo información sobre los resultados y efectos (positivos o negativos), tanto previstos como no planeados. En esta etapa se evalúan los siguientes criterios:

  — Eficacia: grado de logro de los objetivos planteados.

  — Eficiencia: resultados obtenidos en relación con los recursos disponibles y con las circunstancias en las que se aplica el programa.

  — Efectividad: efectos beneficiosos no previstos.

  — Satisfacción de la persona usuaria, de su entorno personal y de la empresa.

  — Impacto del programa en el contexto (naturaleza y extensión del impacto).

1.1.1. Modelos de evaluación de programas

Chacón Moscoso, López Ruiz y Pérez Gil (2012) recopilaron los principales modelos teóricos en evaluación de programas:

a. *Evaluación orientada hacia los objetivos* (Tyler, 1989).

   En este modelo, la evaluación se entiende como un proceso recurrente cuya finalidad es determinar si se da coincidencia entre los objetivos del programa y los resultados reales.

b. *Evaluación responsiva* (Stake, 1975).

La principal característica de este modelo de evaluación es su adaptabilidad a las distintas circunstancias que van aconteciendo. Esta perspectiva amplía la visión de Tyler (evaluación orientada hacia los objetivos) incluyendo un análisis de los antecedentes, del proceso, de las normas y de los juicios, además de los resultados.

c. *Planificación evaluativa* (Cronbach, 1982).

Esta perspectiva propone que los modelos de evaluación deben basarse en una planificación flexible de las actividades evaluativas (más que en una aplicación consecutiva de técnicas de muestreo, valoración y análisis estadístico sin reflexionar sobre las implicaciones de la evaluación).

Este modelo no se plantea enfrentamiento entre método científico y la interpretación subjetiva, ya que considera a esta última como complementaria a las aportaciones extraídas desde la metodología científica.

d. *Evaluación orientada sobre la toma de decisiones* (Stufflebeam, 1985).

En el modelo propuesto por Stufflebeam, la evaluación se entiende como un proceso mediante el cual se proporciona información útil para la toma de decisiones (más que como la consecución de una serie de objetivos).

El diseño de evaluación planteado se basa en una estructura básica denominada CIPP (contexto, entrada, proceso, producto), integrando tanto el análisis de información cuantitativa como cualitativa mediante el examen y estudios de casos concretos, grupos asesores, metodología observacional o experimentos.

e. *Método científico de evaluación* (Campbell y Stanley, 1966; Cook y Campbell, 1979).

Este modelo plantea que no existen diferencias metodológicas entre la evaluación y el método científico, buscando determinar la relación causal entre diferentes variables con el fin de determinar los efectos de una intervención.

f. *Modelo evaluativo orientado hacia el consumidor «de meta libre»* (Scriven, 1974).

Este modelo evaluativo propone que el evaluador sea un sustituto informado del consumidor. El evaluador desconoce las metas que persigue el programa e investiga los efectos del mismo (independientemente de sus objetivos).

De esta manera, si un programa se desarrolla de la manera adecuada, la evaluación deberá confirmar los resultados y, además, pueden descubrirse otros efectos inesperados no previstos de antemano.

g. *El modelo judicial* (Wolf, 1979).

Este modelo sigue una metodología legal, desarrollando una simulación de las etapas características del modelo judicial. En este método, dos grupos de evaluadores investigan los pros y contras de un programa con el fin de identificar sus principales problemas.

h. *Evaluación iluminativa: método holístico* (MacDonald, 1971).

El principal propósito de este método es la descripción y la interpretación, más que la valoración y predicción. Este modelo evaluativo se plantea la limitación de los métodos experimentales, ya que un programa es vulnerable a múltiples influencias externas que no pueden ser controladas.

i. *Evaluación naturalista* (Guba, 1985).

Esta perspectiva no plantea la verificación de supuestos, sino más bien su descubrimiento. Los evaluadores se enfrentan a la tarea sin una teoría o hipótesis previa y sin determinar un diseño específico, entendiéndose que el diseño irá apareciendo a medida que avanza el proceso evaluativo.

Tipología de evaluaciones de programas

Además de los modelos anteriormente expuestos, existen diferentes clasificaciones de la evaluación de programas. Las principales tipologías son:

a. *Según la función de la evaluación:*

- Evaluación formativa: este tipo de evaluación (también conocida como evaluación de proceso) trata de facilitar un flujo constante y actualizado de información útil sobre el desarrollo de la intervención, con el objetivo de poder realizar los reajustes y modificaciones oportunas. Es una forma de evaluación continua que ofrece *feedback* (retroalimentación) para la mejora de las intervenciones.

- Evaluación sumativa: este tipo de evaluación (también conocida como evaluación de resultados) analiza la intervención y el producto final de esta una vez ha finalizado el programa. Se trata de una recapitulación de información con el objetivo de realizar una valoración global de la misma y mejorar futuras intervenciones.

b. *Según el momento de evaluación:*

- Evaluación previa: se realiza antes del inicio del programa (generalmente durante el diseño y planificación de la intervención). El objetivo de esta evaluación es determinar si la intervención es necesaria y pertinente, valorando aspectos como la correcta detección de necesidades y la calidad del diseño. Para evaluar la pertinencia de una intervención, es necesario analizar si realmente existe una necesidad y demanda (y si esta está claramente definida) y si existe la posibilidad de abordar con éxito dicha demanda mediante determinadas actuaciones.

- Evaluación intermedia *(in itinere):* se realiza durante el desarrollo del programa para recabar datos que permitan implementar las correcciones y ajustes necesarios. Este tipo de evaluación pretende analizar la implementación y ejecución del programa, verificando que se están realizando las actuaciones previstas y se están obteniendo los primeros resultados esperados. A diferencia de la evaluación sumativa, la evaluación intermedia sigue una perspectiva «estática» (no es continua, sino que se lleva a cabo en un momento predeterminado).

- Evaluación final: se realiza cuando el programa ya ha finalizado y su objetivo es ofrecer información útil para futuras intervenciones y/o para informar acerca del programa realizado a las personas u organismos necesarios. Generalmente, la evaluación final se centra en el análisis de la eficacia, la eficiencia y el impacto de las actuaciones realizadas.

c. *Según el agente evaluador:*

- Evaluación interna: se trata de una autoevaluación (los evaluadores forman parte del equipo que ha trabajado en la intervención). Aunque existe el riesgo de pérdida de objetividad, este tipo de evaluación presenta algunas ventajas como la mayor familiarización con la intervención y la facilidad en el acceso a la información.

- Evaluación externa: consiste en una evaluación realizada por personas especializadas en evaluación y/o en el ámbito de la intervención y que son ajenas al programa desarrollado. Sus principales ventajas son una mayor objetividad y la independencia de las conclusiones de la evaluación. Sin embargo, puede presentar otros inconvenientes como la existencia de reticencias y falta de colaboración por parte de los agentes que han participado en el programa.

1.1.2. Variables de evaluación

La evaluación de los programas de inserción laboral se realiza midiendo, principalmente, tres variables:

- Evaluación de los objetivos del programa de inserción.
- Evaluación de los efectos del programa (impacto).
- Evaluación del propio proceso de inserción.

A continuación se exponen detenidamente cada una de estas variables de evaluación.

1.1.2.1. Objetivos

Una de las principales variables que se evalúan en los programas de inserción sociolaboral son sus objetivos. Debe valorarse la calidad, suficiencia, pertinencia y realismo de objetivos propuestos, así como su adecuación a las personas usuarias y al contexto.

Para realizar una valoración de los objetivos planteados en el proceso de inserción, deberá darse respuesta a cuestiones como:

- ¿Se incluyen en el programa de inserción objetivos claros específicos y medibles?
- ¿Los objetivos finales se dividen en metas intermedias?
- ¿Cada objetivo lleva aparejado un conjunto de intervenciones, actividades, medios, recursos, metodología y sistema de evaluación (indicadores de éxito)?
- ¿La formulación de los objetivos es adecuada para guiar el proceso de inserción sociolaboral?
- ¿Los objetivos son pertinentes y realistas?
- ¿Los objetivos propuestos se ajustan a las características de la persona usuaria?
- ¿Los objetivos responden a las necesidades y demandas de la persona usuaria?
- ¿Se especifican, de modo claro y preciso, los criterios y las referencias para valorar los objetivos?

Una vez implementado el programa de inserción sociolaboral y recogidos todos los datos necesarios, es necesario valorar el grado de cumplimiento de los objetivos. Para ello, deben formularse las siguientes preguntas:

- ¿Se han utilizado técnicas variadas de recogida de datos acordes con la diversidad de objetivos?
- ¿Se dispone de información relevante para valorar los objetivos?
- ¿Se han cumplido los objetivos propuestos?
- ¿Qué indicadores de logro no se han conseguido en su totalidad?
- ¿Los niveles parciales de logro se consideran alejados a los propuestos?

1.1.2.2. Efectos del programa

La evaluación de los efectos del programa (naturaleza y extensión del impacto) busca medir los resultados de las intervenciones realizadas. La medición de los resultados permite comparar el grado de realización alcanzado con el esperado.

Por otro lado, el efecto del programa de inserción sociolaboral debe medirse en tres ámbitos: el usuario, la empresa y el entorno del trabajador con discapacidad.

Esta evaluación abarca diferentes tipos de efectos:

- Efectos principales y secundarios.
- Efectos generales y específicos.
- Efectos planificados o no planificados.
- Efectos positivos, negativos o neutros.
- Efectos directos o indirectos.

Para valorar los efectos de los programas de inserción se combina el abordaje cuantitativo con el cualitativo, pudiendo emplearse pruebas de diversa naturaleza, inventarios, cuestionarios, escalas, entrevistas, tratamiento cuantitativo-cualitativo, etc. La medida del impacto o efectos de los programas de inserción es una tarea compleja. Pueden existir diversas variables de impacto evaluables, como son:

- Relacionadas con la persona usuaria:
  — Integración sociolaboral.
  — Satisfacción laboral.
  — Autonomía e independencia económica.
  — Mejora de la empleabilidad.

- — Desarrollo de competencias (generales y técnicas).
- — Generalización de los aprendizajes adquiridos a otros contextos y situaciones.
- — Variables psicosociales.
- — Mejora de la calidad de vida de la persona.
- Relacionadas con la empresa:
  - — Compromiso y participación.
  - — Sensibilización.
  - — Satisfacción con el proceso de inserción.
- Relacionadas con el entorno:
  - — Facilitación del proceso.
  - — Satisfacción con el proceso de inserción.
  - — Mejora de la calidad de vida familiar.

Para evaluar los efectos del programa de inserción es imprescindible que previamente se hayan especificado los criterios de calificación y los niveles de logro del programa. De esta manera, se dispondrá de una base sobre la que comparar los efectos esperados y los efectos producidos por el proceso de inserción laboral.

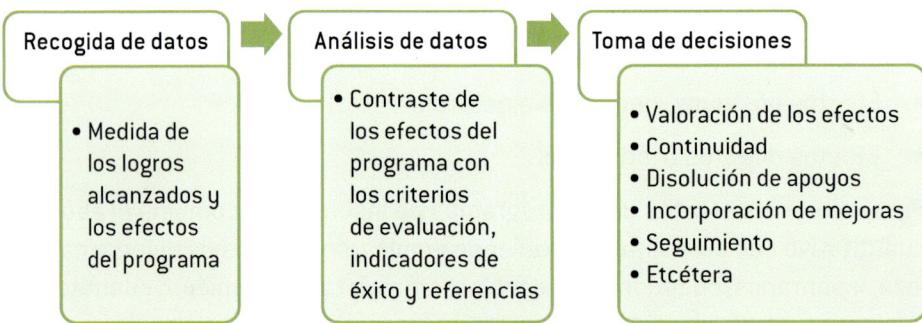

Recogida de datos
- Medida de los logros alcanzados y los efectos del programa

Análisis de datos
- Contraste de los efectos del programa con los criterios de evaluación, indicadores de éxito y referencias

Toma de decisiones
- Valoración de los efectos
- Continuidad
- Disolución de apoyos
- Incorporación de mejoras
- Seguimiento
- Etcétera

1.1.2.3. Proceso

Para la evaluación del desarrollo o proceso del programa de inserción laboral se pueden utilizar diversas técnicas, como la observación, las entrevistas, el análisis de tareas, etc. En términos generales, en la evaluación del proceso deben analizarse dos elementos del programa de inserción laboral:

- Calidad intrínseca del programa: grado de especificación de los objetivos, medios y recursos utilizados, ajuste entre la persona usuaria y el programa, adecuación de las intervenciones, coherencia entre las actuaciones y los plazos previstos, etcétera.

- Desarrollo conforme al plan: análisis de posibles desfases y desviaciones respecto a la planificación del programa de inserción, utilización de los recursos previstos, control y supervisión, etcétera.

Algunas de las dimensiones que deben evaluarse en relación con el proceso del programa de inserción laboral son:

- Actuaciones e intervenciones realizadas.

- Temporalización.

- Recursos.

- Relación programa/usuario.

- Actuación del técnico o preparador laboral.

- Intervención del entorno personal.

DIMENSIÓN: ACTUACIONES E INTERVENCIONES	
CRITERIOS	INDICADORES
Las intervenciones realizadas fueron adecuadas	N.º total de actuaciones y/o intervenciones realizadas
	N.º de actuaciones por fase y/o tipología
El número y tipo de intervenciones fue suficiente para alcanzar los objetivos del programa	Inclusión de nuevas actividades no planificadas
	Supresión de alguna actividad planificada
Se han realizado todas las actuaciones previstas a lo largo del programa	Modificación de alguna actividad
	N.º de reuniones con la persona usuaria
Se han realizado las actuaciones de acuerdo a la metodología establecida	Seguimiento de la secuencia prevista de actividades/alteración de la secuencia
	N.º de incidencias o desviaciones respecto a la secuencia de actuaciones planificada

DIMENSIÓN: TEMPORALIZACIÓN	
CRITERIOS	INDICADORES
El programa se ha realizado en el plazo previsto Las intervenciones se han realizado cumpliendo las fechas estimadas El tiempo previsto para cada actuación es suficiente La planificación de tiempos y plazos fue correcta	N.º de actuaciones que se han realizado cumpliendo el plazo planificado/n.º de actuaciones totales
	N.º de actuaciones que se han realizado con retraso o aumento del tiempo previsto
	N.º de actuaciones que se han realizado con una duración menor a la prevista
	Índice de puntualidad en el inicio de las actuaciones
	Índice de puntualidad en la finalización de las actuaciones
	N.º de incidencias o desviaciones respecto a la temporalización planificada

DIMENSIÓN: RECURSOS	
CRITERIOS	INDICADORES
Se han utilizado todos los recursos previstos Los recursos asignados fueron adecuados para el cumplimiento de los objetivos Los recursos asignados fueron suficientes para el cumplimiento de los objetivos	N.º de recursos diseñados/n.º de recursos usados
	Frecuencia en la utilización de recursos
	N.º de recursos no planificados utilizados (inclusión de nuevos recursos)
	N.º de recursos planificados y no utilizados (supresión de recursos)
	N.º de agentes previstos/n.º de agentes reales
	N.º de recursos que requirieron alguna adaptación

DIMENSIÓN: RELACIÓN PROGRAMA/USUARIO	
CRITERIOS	INDICADORES
La persona usuaria estaba motivada durante el desarrollo del programa	Interés y motivación mostrada por la persona usuaria
	Grado de implicación del usuario en las actividades
	Realización de las actividades indicadas
	Negación a participar en alguna intervención
	Opinión del usuario

DIMENSIÓN: RELACIÓN PROGRAMA/USUARIO	
CRITERIOS	**INDICADORES**
La participación del usuario en el programa ha sido adecuada	N.º de intervenciones previstas para el usuario/ n.º de intervenciones realizadas por el usuario
	N.º de interacciones entre el usuario y el técnico o preparador laboral
	Grado de participación activa del usuario durante el programa
Se ha creado un clima de confianza y respeto adecuado	N.º de conflictos interpersonales durante el programa
	Grado de confianza con el técnico o preparador laboral
	Buena conducta y predisposición del usuario
	Grado de receptividad del usuario
El ajuste entre el usuario y el programa ha sido correcto	Grado de adecuación de las intervenciones a las demandas y necesidades del usuario
	Grado de adecuación de las intervenciones a las características del usuario
	Grado de satisfacción del usuario
	Opinión del usuario

DIMENSIÓN: ACTUACIÓN DEL TÉCNICO O PREPARADOR LABORAL	
CRITERIOS	**INDICADORES**
El técnico o preparador laboral ha mantenido una actitud positiva y motivadora durante el programa	Facilitación de información
	Apoyo continuado
	Establecimiento de un buen clima
	Utilización de un lenguaje adaptado al usuario
	Implicación y compromiso del técnico
	Opinión del usuario
El técnico o preparador laboral ha desempeñado su labor con adecuación técnica	Preparación previa de las actuaciones
	Cumplimiento de lo acordado
	Ajuste a la metodología prefijada y a la planificación
	Cumplimiento de los estándares de calidad del programa
	Coordinación entre los agentes implicados
	Recogida de la información necesaria para el correcto desarrollo del programa
	Registro adecuado de la información
	Transmisión adecuada de información a otros agentes implicados en el proceso

DIMENSIÓN: INTERVENCIÓN DEL ENTORNO PERSONAL	
CRITERIOS	**INDICADORES**
El entorno de la persona ha colaborado cuando era necesario para el desarrollo del programa	N.º de intervenciones en las que ha participado el entorno personal del usuario/ n.º total de intervenciones
	Predisposición del entorno a colaborar
	Interés del entorno por el desarrollo del programa de inserción
	N.º de contactos entre el técnico y el entorno
El entorno personal se encuentra satisfecho con el programa de inserción	Grado de satisfacción del entorno
	Opinión de las personas del entorno

El desarrollo del plan de seguimiento del proceso de inserción implica la utilización de instrumentos como las fichas de seguimiento actividades. Este instrumento permite registrar diferentes aspectos relacionados con el desarrollo de las actividades e intervenciones (por ejemplo, objetivos, tareas, estrategias/pautas, incidencias, indicadores de éxito, etc.). Un ejemplo de ficha de seguimiento es:

FICHA DE SEGUIMIENTO						Ficha n.º:
INTERVENCIÓN:						
Listado de acciones	Fecha de inicio		Fecha de fin		Responsable	Indicadores de éxito
	Prevista	Real	Prevista	Real		
Desviaciones del plan/incidencias:						
Objetivos previstos			Objetivos alcanzados			
Causas de la no consecución de los objetivos previstos			Acciones de mejora/modificaciones de la planificación			
Observaciones:						

1.2. Rendimiento laboral y calidad del trabajo

Desde el primer momento en el que el trabajador con discapacidad se incorpora al puesto de trabajo se lleva a cabo un seguimiento y una evaluación de su rendimiento y de la calidad de su trabajo. Esta evaluación se hace en términos de regularidad en el trabajo, tasa de producción, valoración del responsable de la empresa, etcétera.

Los objetivos que se persiguen con este seguimiento y evaluación del rendimiento laboral son:

- Reducir el apoyo prestado por el técnico o preparador laboral (o por los apoyos naturales en la empresa).

- Corregir los desajustes formativos y organizativos que pudieran existir.

- Determinar el grado de integración social en la empresa y la adaptación a las demandas del empleo y a la cultura organizativa.

- Garantizar un nivel de productividad y calidad en el trabajo acorde con el salario recibido por el trabajador.

La evaluación del rendimiento laboral permite encontrar diferencias entre desempeño mostrado y desempeño requerido. Conocer estas brechas facilita que se puedan trazar las actuaciones formativas necesarias y el diseño de acciones de apoyo para mejorar la calidad en el desempeño laboral.

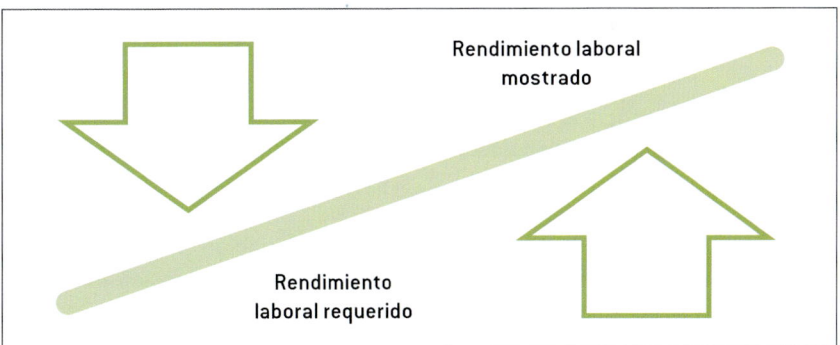

Algunos indicadores para medir el desempeño laboral del trabajador son:

- Desempeño inadecuado de tareas (errores, omisiones, etcétera).

- Velocidad en el desempeño de tareas (rapidez, lentitud o ritmo adecuado).

- Realización del trabajo con la eficiencia, calidad y productividad requeridas.

- Resultados objetivos obtenidos (productos finales, cumplimiento de objetivos, etcétera).

- Grado de cumplimiento de las normas de conducta y disciplina establecidas (asistencia, horario, puntualidad, etcétera).

- Grado de adaptación a las normas de la organización.

- Nivel de integración con los demás integrantes de la empresa.

> El desempeño laboral es «*el nivel de ejecución alcanzado por el trabajador en el logro de las metas dentro de la organización en un tiempo determinado. En tal sentido, este desempeño está conformado por actividades tangibles, observables y medibles, y otras que se pueden deducir*» (D'Vicente, 1997).

Evaluación del rendimiento laboral

La evaluación del rendimiento laboral consiste en verificar si el trabajador con discapacidad es competente o no en las tareas asignadas (o el grado de cumplimiento) y si los resultados obtenidos son los esperados. Para realizar esta evaluación, se proponen las siguientes etapas:

1. *Definir los objetivos de la evaluación (criterios de desempeño).*

   Esta etapa incluye las siguientes actividades:

   - Identificar las tareas y funciones a desempeñar:

     En primer lugar, es necesario enumerar todas las tareas que deba realizar el trabajador con discapacidad en su puesto de trabajo. En algunos casos, para valorar el grado de competencia en cada tarea o actividad profesional, es recomendable dividir la tarea en sus pasos intermedios y evaluar cada uno de ellos por separado.

Por ejemplo, la tarea «recepción de llamadas telefónicas» puede disgregarse en las siguientes subtareas: oír el timbre, desplazarse hasta el teléfono, descolgar y sostener el auricular, escuchar al interlocutor y comunicarse eficazmente.

- Establecer los niveles de competencia:

  Pueden establecerse dos tipos de escalas para valorar el nivel de competencia del trabajador:

  — Escala absoluta: se indicará si el trabajador es «competente» o «no competente» para una determinada tarea o función.

  — Escala relativa: se indicará el grado de competencia del trabajador para la tarea, estableciéndose diferentes niveles progresivos, como:

1	No puede desarrollar la tarea (o subtarea) de manera satisfactoria.
2	Puede desarrollar la tarea (o subtarea), pero necesita apoyos y/o supervisión y constante.
3	Puede desarrollar la tarea (o subtarea), pero requiere apoyo y/o supervisión periódica.
4	Puede desarrollar la tarea (o subtarea) de manera autónoma (sin apoyo y/o supervisión).
5	Puede desarrollar la tarea (o subtarea) con una calidad aceptable y a un ritmo adecuado.
6	Puede desarrollar la tarea (o subtarea) con una calidad aceptable, a un ritmo adecuado y adaptarse a situaciones nuevas o problemáticas.

- Elaborar una guía de evaluación:

  La guía de evaluación servirá para registrar la información obtenida durante la fase de evaluación, anotando el nivel de competencia alcanzado por el trabajador en cada tarea o subtarea, así como las observaciones pertinentes. Un ejemplo de guía de evaluación para tareas disgregadas en subtareas es:

Función:							
Tarea 1:							
Subtarea:	Nivel de competencia						Observaciones
	1	2	3	4	5	6	
	❏	❏	❏	❏	❏	❏	
	❏	❏	❏	❏	❏	❏	
	❏	❏	❏	❏	❏	❏	

Tarea 2:							
Subtarea:	Nivel de competencia						Observaciones
	1	2	3	4	5	6	
	❑	❑	❑	❑	❑	❑	
	❑	❑	❑	❑	❑	❑	
	❑	❑	❑	❑	❑	❑	
Tarea 3:							
Subtarea:	Nivel de competencia						Observaciones
	1	2	3	4	5	6	
	❑	❑	❑	❑	❑	❑	
	❑	❑	❑	❑	❑	❑	
	❑	❑	❑	❑	❑	❑	
Nivel de competencia general en la tarea	1 ❑ 2 ❑ 3 ❑ 4 ❑ 5 ❑ 6 ❑						

2. *Verificar el nivel de competencia (evaluación del desempeño).*

   En esta etapa, se deberán aplicar las técnicas de recogida de información adecuadas para verificar si el trabajador es competente o no en cada tarea y el nivel de competencia alcanzado en la misma.

3. *Verificar los productos del trabajo (resultados).*

   Además de evaluar el nivel de competencia en cada tarea, también es necesario analizar los productos del trabajo (resultados obtenidos en el desarrollo de la actividad) y valorar si estos cumplen los estándares de calidad requeridos por la empresa. El producto resultante de una actividad profesional puede ser de diversa naturaleza: un documento, un objeto material, etcétera.

4. *Establecer el resultado de la evaluación.*

   Finalmente, se debe sintetizar toda la información recogida y establecer el resultado de la evaluación (determinar si el rendimiento laboral del trabajador es adecuado).

1.2.1. Criterios de calidad

Para realizar una valoración del trabajo realizado por la persona con discapacidad, debe atenderse a diferentes criterios. Estos criterios son aquellas condiciones que una determinada actividad o ejecución debe cumplir para ser considerada de calidad.

Los criterios de calidad pueden ser muy variados, destacando:

- Exactitud.
- Precisión.
- Rigor.
- Claridad.
- Rapidez.
- Profundidad.
- Variedad.

Estos criterios deben compararse con alguna referencia para emitir juicios de valor. Las tres referencias fundamentales son:

- Referencia normativa (baremo): este tipo de evaluación se basa en la comparación de unas personas con otras (por ejemplo, comparar al trabajador con discapacidad con los compañeros que desempeñen un puesto igual o similar). Se comparan los resultados obtenidos por la persona usuaria con los obtenidos por el grupo (la norma).
- Referencia criterial: en este tipo de evaluación se definen de manera previa una serie de objetivos (el criterio). Los resultados de la persona se comparan con dichos criterios preestablecidos. Este tipo de evaluación permite determinar si una persona domina o no una determinada tarea o posee una habilidad, con independencia del resultado obtenido por las demás personas del grupo.
- Referencia personalizada (idiosincrásica): en este tipo de evaluación se definen unos criterios de evaluación personalizados para cada persona, atendiendo a sus características específicas y a las particularidades de la situación.

1.3. Instrumentos y técnicas de recogida de información

La correcta selección o diseño de instrumentos de recogida de información es clave y asegura la validez y fiabilidad de los datos obtenidos. Estas herramientas de recogida de información deben permitir valorar los aprendizajes y progresos de la persona y, además, comprobar su generalización a otros entornos y situaciones.

Ejemplo:

Gracias a un itinerario de inserción laboral personalizado, un trabajador con discapacidad accede a un puesto de recepcionista. Para el correcto desempeño de sus funciones, el trabajador necesita desarrollar y mejorar sus habilidades sociales, entre las que destacan las habilidades de negociación.

Durante el seguimiento del proceso de inserción laboral, el técnico o preparador laboral debe evaluar los aprendizajes que va adquiriendo el trabajador a lo largo del tiempo. Además, debe valorar en qué medida estos aprendizajes se están generalizando para poder ser puestos en marcha en otras situaciones. Es decir, se deberá evaluar si el trabajador mejora su capacidad de negociación en el puesto de trabajo y si, además, es capaz de aplicar esta habilidad a otros contextos y situaciones (entornos diferentes al ámbito laboral, otros momentos y diversas personas).

La información es la base de la evaluación, por lo que debe ser recogida y registrada de manera sistemática y organizada. Resulta fundamental acudir a cuantas fuentes de información, técnicas e instrumentos sea preciso para valorar de modo suficiente y adecuado los elementos que se pretenden evaluar, evitando sesgos o insuficiencia de datos.

Es importante destacar que, en ocasiones, se cometen errores a la hora de recoger y tratar la información. Algunos de los errores que se deben evitar son:

- Recoger información irrelevante para el seguimiento del proceso.

- No registrar de manera adecuada y organizada la información.

- No acudir a diferentes fuentes de información (por ejemplo, evaluar únicamente al trabajador con discapacidad y no recoger la información que pueden aportar las personas de su entorno personal o de la empresa en la que desempeña su puesto).

- Realizar un tratamiento de la información al margen de los objetivos a los que sirve.

Para seleccionar los instrumentos de evaluación que se utilizarán, es necesario determinar qué tipo de demostración o evidencia se va a requerir:

- De conocimiento: incluyendo todas las capacidades cognitivas (conceptuales y procedimentales).

- De desempeño: comprobación de la manera en la que se ejecuta un determinado proceso o se realiza una determinada tarea.

- De producto: valoración de los resultados obtenidos en el desarrollo de una actividad concreta. El producto resultante puede ser de diversa naturaleza: un documento, un objeto material, etcétera.

- De actitudes, habilidades personales o sociales.

1.3.1. Selección de las fuentes de información

La información aportada por el usuario debe ser contrastada con los datos que aporten la empresa y su entorno personal en los contactos periódicos de seguimiento. Esta confrontación de información es esencial ya que, en ocasiones, la persona con discapacidad puede tener una percepción distorsionada de su evolución en el puesto de trabajo y de las capacidades que va desarrollando.

Las principales fuentes de información en el seguimiento del proceso de inserción son:

- La persona usuaria.

- La empresa (empresario, responsable del trabajador, mentor en la empresa, compañeros, etcétera).

- El entorno personal del usuario (familia, amigos, red próxima de contactos, etcétera).

En los procesos de inserción laboral de personas con discapacidad, una de las principales fuentes de información es la empresa. Por ello, los preparadores laborales deben establecer procedimientos de contacto y comunicación efectivos con la empresa empleadora.

Los canales de comunicación con la empresa son muy diversos y dependerán del tipo de acuerdo o relación establecido con esta (correos electrónicos, llamadas telefónicas, reuniones presenciales, videoconferencias, mensajería instantánea, plataformas de comunicación y colaboración...). Algunas sugerencias para mantener una comunicación eficaz con la empresa empleadora y garantizar el éxito en el proceso de inserción son:

- Acordar con la persona responsable en la empresa un calendario de reuniones y/o comunicaciones periódicas para evaluar el progreso del trabajador. Por ejemplo, pueden programarse reuniones de seguimiento bimensuales o trimestrales con los supervisores de la empresa para discutir el desempeño de la persona trabajadora y ajustar el plan de inserción si fuera necesario. También son útiles las revisiones semestrales o anuales de carácter más formal para revisar el progreso global del trabajador y la satisfacción de la empresa con el proceso.

- Enviar informes mensuales que detallan la evaluación del progreso de la persona trabajadora, los logros alcanzados y cualquier desafío encontrado.

- Definir un interlocutor para comunicaciones *ad hoc,* consultas puntuales o intervenciones urgentes (en caso de problemas significativos que requieran una acción rápida para evitar la ruptura del proceso de inserción).

1.3.2. Herramientas de recogida de la información

Las técnicas y herramientas empleadas pueden tener un enfoque cuantitativo, cualitativo o mixto. Algunas de las principales herramientas de recogida de información que pueden emplearse en el seguimiento de los programas de inserción son:

Cuestionarios

Los cuestionarios son formularios que pueden ser cumplimentados por la propia fuente de información (trabajador con discapacidad, familia, responsable en la empresa, etc.). Sus principales ventajas son que tienen un coste muy bajo, es un método de fácil aplicación y, además, permiten la codificación de las respuestas, facilitando el análisis.

La formulación de las preguntas debe ser clara, dirigida a lo que realmente se quiere conocer y con un lenguaje adaptado a las características de la persona evaluada. Los cuestionarios permiten obtener información sobre diferentes ámbitos, como opiniones, actitudes, percepciones, prácticas, sugerencias, etcétera.

Entrevistas en profundidad

Las entrevistas pueden dividirse en tres categorías:

- Entrevista estructurada: con anterioridad al inicio de la entrevista, el entrevistador determina qué preguntas realizará, estableciendo un guion secuenciado que dirigirá el ritmo de la entrevista.

- Entrevista no estructurada o libre: este tipo de entrevista no requiere un guion previo, ya que el entrevistador va realizando preguntas abiertas, sin un orden prestablecido. Aunque se parte de una idea general de las preguntas que se van a realizar, se improvisan las cuestiones en función del tipo y características de las respuestas.

- Entrevista semiestructurada: se trata de una combinación de los dos tipos de entrevistas anteriores. Se determina previamente qué información se pretende conseguir y se establece un guion de preguntas para recabarla. Sin embargo, el guion es flexible y también se formulan preguntas abiertas, dando oportunidad a recibir más matices de respuesta y a desviar, si fuera oportuno y de manera transitoria, el curso de la entrevista.

Observación directa y registro

La observación es un método de recogida de información que pretende conocer la situación real, pudiendo ser una observación participativa o no participativa (según el grado de integración del evaluador en el contexto observado).

- Observación participativa: el observador está integrado en el programa total o parcialmente. De esta manera, el conocimiento es mayor, pero la objetividad puede verse afectada.

- Observación no participativa: el observador es externo al programa, favoreciéndose la valoración objetiva. Sin embargo, se deben tener en cuenta las posibles modificaciones de la realidad inducidas por una presencia extraña.

Para aplicar la observación directa, se debe disponer de un instrumento para registrar la información (por ejemplo, una lista de cotejo o una hoja de registro en las que se detallen todas las variables que se van a observar/medir).

La observación directa es una fuente de recogida de evidencias muy recomendable, siempre que se tengan en cuenta algunos aspectos como evitar interferir con el desarrollo normal de las actividades, no ejercer presiones sobre el trabajador o generarle situaciones de estrés.

Durante la observación pueden realizarse algunas preguntas al trabajador. Generalmente, estas preguntas tratan sobre los procedimientos a seguir, principios, seguridad, posibles incidencias, formas de actuar ante situaciones inesperadas, etc. Por ejemplo, ante la realización de una tarea mecánica, el evaluador puede preguntar al trabajador: «¿Qué pasaría si un producto llegase defectuoso a la cadena de montaje?».

Pruebas de simulación

En este tipo de pruebas se recrea una situación que simula un puesto de trabajo parecido al real. Estas evaluaciones son útiles cuando es necesario recopilar evidencias de hechos inusuales que se presentan con una baja periodicidad (por ejemplo, actuación ante incidencias, emergencias, etcétera).

Análisis de productos de trabajo

Otro medio para recoger información es el análisis de la calidad de los productos del trabajo en relación con el estándar. Para ello, debe disponerse de un listado de las características o criterios de calidad que debe cumplir el producto y chequear la presencia de las mismas en el resultado del trabajo.

Análisis de documentos

Otra técnica de recogida de información es analizar los documentos realizados por otros organismos o profesionales, ya que posiblemente aporten una gran cantidad de información sobre el programa de inserción sociolaboral.

Entrevista de seguimiento del proceso

FASE DEL PROCESO DE INSERCIÓN SOCIOLABORAL	☐ Fase de acogida ☑ Fase de desarrollo ☐ Fase de cierre

OBJETIVOS

Objetivo general:
- Supervisar la actividad que realiza el usuario y ofrecer el apoyo necesario.

Objetivos específicos:
- Valorar el grado de aprovechamiento y satisfacción del usuario.
- Recordar la importancia del programa para la mejora de la empleabilidad y la integración laboral.
- Motivar y promover una actitud activa y participativa.
- Recoger la información pertinente sobre el desarrollo de la fase.
- Facilitar la toma de decisiones de la persona usuaria.

CARACTERÍSTICAS

- La entrevista de seguimiento se puede realizar a demanda del técnico/preparador laboral o a demanda del usuario.
- La realización de entrevistas de seguimiento confiere al programa un carácter de acompañamiento y atención personalizada, evitando que la persona usuaria tenga la percepción de participar en intervenciones sin ningún tipo de acciones de seguimiento.
- Permite realizar una evaluación continua, posibilitando la formulación de nuevos objetivos operativos dentro del programa de inserción.

ORIENTACIONES METODOLÓGICAS

Debido a la personalización de cada uno de los itinerarios de inserción sociolaboral, es difícil definir una programación invariable de la entrevista de seguimiento. Las entrevistas de seguimiento pueden dividirse, a su vez, en tres subtipos, dependiendo del tipo de intervención que se realice:
- Entrevista de supervisión: se pretende acompañar a la persona durante la realización de sus actividades, evaluar su nivel de participación y fomentar su motivación para lograr los objetivos planteados. Es imprescindible ayudar a la persona a integrar cada acción en el contexto de la intervención global.
- Entrevista de intervención: se trabajan determinadas necesidades durante las entrevistas (inseguridades, dudas, temores, resistencias al cambio, toma de conciencia, toma de decisiones, resolución de conflictos, etcétera).

- Entrevista de apoyo: se apoya a la persona en la resolución de situaciones problemáticas o en la toma de decisiones. Es fundamental que el técnico mantenga una actitud de escucha activa, sin juzgar ni menospreciar las demandas de la persona. Los pasos de este tipo de entrevistas de seguimiento son:
  — Esclarecer y definir la demanda o situación problemática que plantea la persona.
  — Informar sobre las diferentes alternativas o posibilidades.
  — Acompañar a la persona en la toma de decisiones.

Entrevista de mantenimiento del empleo

FASE DEL PROCESO DE INSERCIÓN SOCIOLABORAL	☐ Fase de acogida ☑ Fase de desarrollo ☐ Fase de cierre

OBJETIVOS
Asegurar el mantenimiento del empleo, identificando las necesidades y dificultades que pudieran aparecer una vez que la persona se ha incorporado al puesto de trabajo para poner en marcha las actuaciones correspondientes.

CARACTERÍSTICAS

- Se realiza de manera periódica tras la incorporación al puesto de trabajo.
- Puede realizarse telefónicamente o presencialmente.
- La entrevista de mantenimiento del empleo tiene un carácter preventivo (prever y anticipar posibles situaciones problemáticas que amenacen la estabilidad del empleo).
- Esta entrevista ayuda a conseguir la estabilidad laboral, a través de la provisión de los apoyos necesarios para el afrontamiento de diversas situaciones, la toma de decisiones, la resolución de conflictos, el desarrollo de las capacidades y potencialidades de la persona, y el aumento de la autoconfianza.
- El trabajo para garantizar el mantenimiento del empleo es fundamental hasta conseguir que la persona se adapte a la cultura empresarial, a las demandas del puesto, y se integre satisfactoriamente en el ámbito laboral.

ORIENTACIONES METODOLÓGICAS

El esquema básico para la realización de entrevistas de mantenimiento del empleo es:
- Definir la periodicidad de las entrevistas de mantenimiento del empleo (dependiendo de las necesidades y demandas de la persona usuaria).
- Indagar sobre las necesidades que surgen en el puesto de trabajo y que suponen algún tipo de dificultad para la persona.
- Informar sobre las alternativas o posibilidades para el afrontamiento de dichas situaciones.
- Ayudar a identificar los recursos propios de la persona para que, por sí misma, tome decisiones y/o solucione situaciones que se producen en su puesto de trabajo.
- Generar y proponer actividades (actuaciones y/o recursos) para fomentar la integración laboral de la persona.

Anexo 3

Entrevista de renovación del compromiso

FASE DEL PROCESO DE INSERCIÓN SOCIOLABORAL	☐ Fase de acogida ☑ Fase de desarrollo ☐ Fase de cierre

OBJETIVOS
Objetivo general: • Revisar (y rediseñar, si fuera necesario) el programa personalizado de inserción, para formular nuevos objetivos en la construcción de su itinerario.
Objetivos específicos: • Evaluar la participación y las competencias adquiridas (conocimientos, destrezas, habilidades) a lo largo del programa. • Informar a la persona de las valoraciones/evaluaciones que se han ido realizando sobre ella a lo largo de los seguimientos. • Definir nuevas necesidades. • Establecer nuevos objetivos. • Acordar nuevos compromisos.

CARACTERÍSTICAS
• Esta entrevista se puede realizar en dos momentos: — Cuando la persona ha finalizado una intervención o programa de inserción. — Cuando la persona no participa activamente en el programa. • La entrevista tiene un carácter evaluativo y devolutivo (es imprescindible devolver la información a la persona, dando retroalimentación sobre su desempeño, participación y desarrollo del programa). • Mediante esta entrevista se pueden detectar nuevas necesidades y adaptar el itinerario al ritmo y posibilidades de la persona. • Esta entrevista es de especial utilidad para evitar la participación «residual» en el programa (desactivar posiciones de pasividad). • Con esta entrevista se cierra una fase del proceso de inserción (fase de desarrollo), pero marca el inicio de otro etapa.

ORIENTACIONES METODOLÓGICAS
El esquema básico para la realización de entrevistas de renovación del compromiso es: • Explicación del objetivo de la entrevista. • Revisión del documento de compromiso firmado durante la fase de acogida. • Revisión, uno a uno, de los puntos del itinerario para identificar los que han sufrido alguna modificación.

- Devolución de información (evaluaciones que han realizado los agentes implicados durante el programa).
- Valoración del aprovechamiento de las intervenciones.
- Análisis de la evolución de la persona en el programa.
- Síntesis de toda la información y reflexión conjunta sobre ella.
- Facilitación de la toma de conciencia. Para ello, el técnico o preparador laboral:
    — Recuerda el objetivo profesional y expectativas de la persona.
    — Realiza un recorrido por la trayectoria de la persona en el programa.
    — Revisa las actitudes, conocimientos, destrezas y habilidades desarrolladas y/o puestas en práctica para aproximarse a la consecución del objetivo profesional.
- Información sobre los recursos con los que la persona cuenta para mejorar sus condiciones de empleabilidad.
- Establecimiento conjunto de nuevos objetivos y diseño de nuevos pasos para consolidar el itinerario sociolaboral.
- Cumplimentación de un acuerdo de compromiso.

Anexo 4

Entrevista de evaluación y cierre

FASE DEL PROCESO DE INSERCIÓN SOCIOLABORAL	☐ Fase de acogida ☐ Fase de desarrollo ☑ Fase de cierre

OBJETIVOS

Objetivo general:
- Cerrar el programa de inserción laboral, estableciendo un espacio de despedida y finalización del itinerario.

Objetivos específicos:
- Realizar una valoración global, evaluando cada tramo del proceso realizado, sobre la base de los objetivos conseguidos y de los cambios producidos.
- Recoger la valoración de la persona usuaria sobre el proceso de inserción.
- Recordar las perspectivas de futuro (posibles oportunidades y riesgos) una vez finalizada esta parte del programa de inserción sociolaboral.

CARACTERÍSTICAS

- Con la entrevista de evaluación y cierre finaliza el ciclo de intervención.
- La entrevista de evaluación y cierre tiene un carácter valorativo y motivador.
- El acceso a la fase de cierre puede estar motivada por:
  — La persona se da de baja voluntariamente.
  — El técnico o preparador laboral da de baja a la persona.
  — Finaliza el programa.
- Esta entrevista debe ser impulsora de nuevas actuaciones futuras ya que, aunque el programa de inserción haya finalizado, se inicia una nueva etapa en la que la persona debe seguir desarrollando su empleabilidad y aprovechar sus propios recursos.

ORIENTACIONES METODOLÓGICAS

Existen tres posibilidades a la hora de realizar la entrevista de evaluación y cierre:
- La persona se da de baja voluntariamente: la participación en los programas de inserción laboral es voluntaria. Si la persona decide darse de baja, se deberá solicitar una última entrevista en la que:
  — Se pregunta por el motivo de la baja.
  — Se facilita información sobre la participación de la persona en el programa (devolución de información).
  — Se comenta la posibilidad de, si la persona lo desea, volver a participar en el programa en el futuro.

- El técnico da de baja a la persona: esta situación puede darse si la persona no participa activamente en el programa, no es constante o muestra una actitud pasiva incompatible con las intervenciones. En este caso, el esquema a seguir es:
  — Se informa sobre los motivos que han conducido a su baja (previamente, la persona ha de haber recibido avisos sobre las consecuencias de su falta de colaboración).
  — Se facilita información sobre la participación de la persona en el programa (devolución de información).
  — Se comenta la posibilidad de volver a participar en el programa en el futuro, si se dan las condiciones apropiadas.
- Finaliza el proceso: se produce cuando la persona alcanza los objetivos del programa (inserción laboral y mantenimiento del empleo, mejora de la empleabilidad, etc.). En este caso, el esquema a seguir es:
  — Evaluación final de la participación (devolución de información).
  — Valoración de la persona hacia el programa.
  — Recordatorio de las perspectivas de futuro (posibles oportunidades y riesgos).

Anexo 5

Ejemplo de ficha de seguimiento de la empresa

Ficha de seguimiento de la inserción de la persona con discapacidad en la empresa

Empresa: _____ Dirección: _____

Persona de contacto: _____ Teléfono: _____

Técnico de inserción: _____

Trabajador/a: _____

Nombre tutor/a en la empresa: _____

Puesto: _____

Tipo de contrato: _____

Fecha de incorporación: _____

Breve descripción de apoyos: _____

Satisfacción de la empresa*: _____

*Alta, Suficiente, Regular, Baja

Observaciones/incidencias

Fecha	Descripción

Valoración del servicio de inserción

El programa/servicio _____ tiene como objetivo la inserción laboral de personas con discapacidad y especiales dificultades de acceso al empleo. La integración laboral de este colectivo requiere el trabajo conjunto de empresas y entidades de inserción para garantizar la satisfacción de todos los agentes intervinientes en el proceso.

Con el objetivo de mejorar la gestión del servicio de inserción, le solicitamos su colaboración para valorar algunos aspectos.

Seleccione la opción más adecuada (siendo 1 «Nada o muy poco satisfecho» y 5 «Totalmente satisfecho»).

Muchas gracias por su colaboración.

Valoración general del servicio de inserción	1	2	3	4	5
He sido informado/a adecuadamente acerca del servicio de inserción.	❑	❑	❑	❑	❑
El servicio ha sido suficientemente rápido y eficaz.	❑	❑	❑	❑	❑
El servicio de inserción ha sido de calidad.	❑	❑	❑	❑	❑
La/s persona/s cumplía/n los requisitos del puesto.	❑	❑	❑	❑	❑
La persona desempeña su trabajo adecuadamente.	❑	❑	❑	❑	❑
Volvería a utilizar el servicio de inserción.	❑	❑	❑	❑	❑
Estoy satisfecho/a con el servicio de inserción.	❑	❑	❑	❑	❑

Valoración de los apoyos que ha recibido la empresa en el proceso de inserción	1	2	3	4	5
El apoyo ofrecido ha facilitado la inserción.	❑	❑	❑	❑	❑
La frecuencia del apoyo ha sido suficiente.	❑	❑	❑	❑	❑
La cantidad de apoyos ha sido suficiente.	❑	❑	❑	❑	❑
He recibido información útil del técnico de inserción.	❑	❑	❑	❑	❑
El apoyo ha interferido en la dinámica habitual de la empresa.	❑	❑	❑	❑	❑

Observaciones/propuestas de mejora

Anexo 6

Ejemplo de cuestionario del desempeño laboral

Cuestionario de desempeño laboral

Cumplimentar por el responsable o supervisor en la empresa

Empresa: _____ Dirección: _____
Persona de contacto: _____ Teléfono: _____

Trabajador/a: _____
Puesto: _____
Informante: _____
Fecha: _____

Tipo de seguimiento	
Ordinario	❑ Semanal ❑ Quincenal ❑ Mensual ❑ Otro
Extraordinario	Por iniciativa de: ❑ Empresa ❑ Trabajador ❑ Entidad de inserción ❑ Otros

Incumplimiento	1	2	3	4	Cumplimiento
	No se cumple/ se cumple inadecuadamente	Se cumple con deficiencias	Se cumple de manera adecuada	Se cumple de manera muy satisfactoria	

Dimensión: hábitos laborales	1	2	3	4	5
Sigue las normas establecidas por la empresa.	❑	❑	❑	❑	❑
Es puntual.	❑	❑	❑	❑	❑
Realiza únicamente los descansos prestablecidos.	❑	❑	❑	❑	❑
Realiza las tareas en el plazo estimado.	❑	❑	❑	❑	❑
Mantiene un ritmo de trabajo adecuado.	❑	❑	❑	❑	❑
No se distrae durante la jornada.	❑	❑	❑	❑	❑
Es autónomo (no requiere supervisión para realizar sus tareas).	❑	❑	❑	❑	❑

	1	2	3	4	5
Sigue las instrucciones facilitadas.	❏	❏	❏	❏	❏
Solicita información cuando no comprende algo.	❏	❏	❏	❏	❏
No muestra conductas inapropiadas.	❏	❏	❏	❏	❏
Respeta las normas de seguridad e higiene en el trabajo.	❏	❏	❏	❏	❏

Dimensión: calidad del trabajo					
	1	2	3	4	5
Realiza con precisión sus tareas.	❏	❏	❏	❏	❏
La calidad de los productos/resultados es adecuada.	❏	❏	❏	❏	❏
Identifica los errores cometidos.	❏	❏	❏	❏	❏
Corrige los errores cometidos.	❏	❏	❏	❏	❏
Realiza las tareas con la rapidez esperada.	❏	❏	❏	❏	❏
Es riguroso al cumplir los procedimientos.	❏	❏	❏	❏	❏
Su nivel de productividad es adecuado.	❏	❏	❏	❏	❏
Utiliza adecuadamente los equipos y materiales.	❏	❏	❏	❏	❏

Dimensión: calidad del trabajo					
	1	2	3	4	5
No se aísla de los compañeros.	❏	❏	❏	❏	❏
Se integra en los grupos siempre que puede.	❏	❏	❏	❏	❏
Se muestra interesado por las demás personas.	❏	❏	❏	❏	❏
Se comunica eficazmente.	❏	❏	❏	❏	❏
Mantiene relaciones cordiales con los compañeros.	❏	❏	❏	❏	❏
Expresa sentimientos positivos de manera adecuada.	❏	❏	❏	❏	❏
Expresa sentimientos negativos de manera adecuada.	❏	❏	❏	❏	❏
Coopera con los compañeros de trabajo.	❏	❏	❏	❏	❏
Trabaja con comodidad en presencia de otras personas.	❏	❏	❏	❏	❏
Acepta críticas constructivas.	❏	❏	❏	❏	❏
Realiza críticas constructivas.	❏	❏	❏	❏	❏
Entiende la jerarquía de la empresa.	❏	❏	❏	❏	❏
Respeta la jerarquía de la empresa.	❏	❏	❏	❏	❏
Solicita ayuda cuando la necesita.	❏	❏	❏	❏	❏
Se muestra dispuesto a ayudar a los demás.	❏	❏	❏	❏	❏

Dimensión: valoración global					
	1	2	3	4	5
Puntuación global del desempeño laboral.	❏	❏	❏	❏	❏

Anexo 7

Ejemplo de cuestionario del desempeño laboral

Nombre del trabajador/a				
Unidad de competencia: *efectuar el seguimiento de la inserción sociolaboral con la empresa, el usuario y su entorno personal.*				
Tarea: *analizar el proceso de seguimiento al usuario en función del programa previsto para su inserción laboral.*				
Verificación del desempeño				
Criterios de evaluación	Verificado		Evaluador/a	Fecha
	Sí	No		
Selecciona instrumentos que permitan la observación y valoración de los aprendizajes adquiridos por el usuario para comprobar su generalización y/o evolución en diferentes situaciones y contextos.				
Contrasta la información recogida sobre el usuario con la aportada por la empresa y el entorno del usuario en los contactos periódicos de seguimiento.				
Describe la secuencia a seguir y los aspectos que se deben valorar para determinar la disminución y/o extinción gradual de la intensidad del apoyo.				
Establece la reducción progresiva del número de intervenciones hasta maximizar la autonomía e independencia del usuario en su entorno sociolaboral.				
Identifica necesidades y demandas presentadas por un usuario que deban ser derivadas a otros profesionales si es necesario.				
Selecciona procedimientos individualizados de comunicación de información al usuario sobre su evolución en el proceso de inserción laboral.				

RESUMEN

- Los itinerarios de inserción son procesos centrados en las personas que engloban un conjunto de actuaciones secuenciadas, las cuales tienen como objetivo facilitar a las personas los recursos que necesitan para gestionar con autonomía sus propios procesos de inserción laboral.

- El esquema general que siguen los itinerarios de inserción laboral es el siguiente: fase de acogida, fase de desarrollo y fase de cierre.

- La necesidad de realizar un seguimiento y evaluación del proceso de inserción sociolaboral de personas con discapacidad responde a las especiales dificultades que presenta este colectivo no solo para acceder al empleo, sino, especialmente, para mantenerlo.

- El seguimiento del proceso de inserción sociolaboral es un proceso planificado, organizado y sistemático que se encuentra al servicio de las metas propuestas.

- El seguimiento pretende garantizar el mantenimiento del puesto de trabajo mediante la realización de tres tipos de actuaciones: seguimiento a la persona usuaria en función del programa de inserción previsto, contactos periódicos con la empresa y establecimiento de vínculos con el entorno personal del usuario.

- La evaluación de programas es «un proceso sistemático, diseñado intencional y técnicamente, de recogida de información rigurosa (valiosa, válida y fiable), orientado a valorar la calidad y los logros de un programa, como base para la posterior toma de decisiones de mejora tanto del programa como del personal implicado y, de modo indirecto, del cuerpo social en que se encuentra inmerso» (Pérez Juste, 1997).

- Cada proceso de inserción sociolaboral tiene una serie de características específicas que le diferencian del resto y que hacen necesaria la adaptación de cada seguimiento. Por ello, es necesaria la elaboración de un diseño de evaluación del programa de inserción único y particular en cada caso.

- Existen diferentes clasificaciones de la evaluación de programas. Los principales tipos son: a) según la función de la evaluación: evaluación formativa y evaluación sumativa; b) según el momento de evaluación: evaluación previa, evaluación intermedia y evaluación final; c) según el agente evaluador: evaluación interna y evaluación externa.

- La evaluación de los programas de inserción laboral se realiza midiendo, principalmente, tres variables: objetivos del programa de inserción, efectos del programa (impacto) y el propio proceso de inserción.

- La evaluación del rendimiento laboral permite encontrar diferencias entre desempeño mostrado y desempeño requerido. Conocer estas brechas facilita que se puedan trazar las actuaciones formativas necesarias y el diseño de acciones de apoyo para mejorar la calidad en el desempeño laboral.

- La evaluación del rendimiento y de la calidad de su trabajo se realiza en términos de regularidad en el trabajo, tasa de producción, regularidad en el trabajo, valoración del responsable de la empresa, etcétera.

- Para realizar una valoración del trabajo realizado por la persona, debe atenderse a diferentes criterios de calidad, como exactitud, precisión, rigor, claridad, rapidez, profundidad y variedad.

- La información aportada por el usuario debe ser contrastada con los datos que aporten la empresa y su entorno personal en los contactos periódicos de seguimiento.

- Las principales fuentes de información en el seguimiento del proceso de inserción son la persona usuaria, la empresa y el entorno personal del usuario.

- Algunas de las herramientas de recogida de información que pueden emplearse en el seguimiento de los programas de inserción son cuestionarios, entrevistas en profundidad, observación directa y registro, pruebas de simulación, análisis de productos de trabajo y análisis de documentos.

ACTIVIDADES DE AUTOEVALUACIÓN

1.1. ¿En qué fase del itinerario de inserción se lleva a cabo la entrevista de diagnóstico?

a) Fase de acogida.

b) Fase de desarrollo.

c) Fase de cierre.

1.2. Al determinar los instrumentos de recogida de información, ¿a qué dimensión de la evaluación de programas se está atendiendo?

a) Dimensión conceptual.

b) Dimensión metodológica.

c) Dimensión operativa.

1.3. ¿En qué etapa se valora la pertinencia de los objetivos propuestos?

a) Etapa 1: Evaluación del programa.

b) Etapa 2: Evaluación de la implantación del programa.

c) Etapa 3: Evaluación de los resultados del programa.

1.4. ¿En qué modelo de evaluación de programas el diseño se basa en una estructura CIPP (contexto, entrada, proceso, producto)?

a) Método científico de evaluación (Campbell y Stanley, 1966; Cook y Campbell, 1979).

b) Evaluación orientada sobre la toma de decisiones (Stufflebeam, 1985).

c) Planificación evaluativa (Cronbach, 1982).

1.5. ¿Qué caracteriza al modelo evaluativo orientado hacia el consumidor «de meta libre» (Scriven, 1974)?

a) Los evaluadores se enfrentan a la tarea sin una teoría o hipótesis previa y sin determinar un diseño específico.

b) Dos grupos de evaluadores investigan los pros y contras de un programa con el fin de identificar sus principales problemas.

c) El evaluador desconoce las metas que persigue el programa.

1.6. La evaluación sumativa también es conocida como...

a) Evaluación de resultados.

b) Evaluación de proceso.

c) Evaluación formativa.

1.7. Cuando los evaluadores no han formado parte del equipo que ha trabajado en la intervención:

a) Disminuye el riesgo de pérdida de objetividad.

b) Existe una mayor familiarización con la intervención.

c) Aumenta la facilidad en el acceso a la información.

1.8. Cuando se compara un criterio de calidad con una referencia normativa...

a) Se comparan los resultados obtenidos por el trabajador con unos criterios prestablecidos.

b) Se comparan los resultados obtenidos por el trabajador con los resultados de sus compañeros.

c) Se comparan los resultados obtenidos por el trabajador con unos criterios personalizados.

1.9. En las entrevistas estructuradas...

a) El entrevistador va improvisando las cuestiones en función del tipo y características de las respuestas.

b) El entrevistador dispone de un guion secuenciado que dirigirá el ritmo de la entrevista.

c) El entrevistador dispone de un guion de preguntas flexible.

1.10. ¿Qué herramienta de evaluación es útil cuando se quieren recopilar evidencias sobre hechos inusuales que se presentan con una baja periodicidad (por ejemplo, actuación ante emergencias)?

a) Observación directa y registro.

b) Entrevista en profundidad.

c) Prueba de simulación.

ACTIVIDADES DE APLICACIÓN

1.1. Enumera los tipos de entrevistas que se llevan a cabo en cada fase del proceso de inserción:

Fase de acogida
- Entrevista...
- Entrevista...
- Entrevista...

Fase de desarrollo
- Entrevista...
- Entrevista...
- Entrevista...

Fase de cierre
- Entrevista...

1.2. Completa el siguiente esquema sobre las dimensiones de la evaluación de programas:

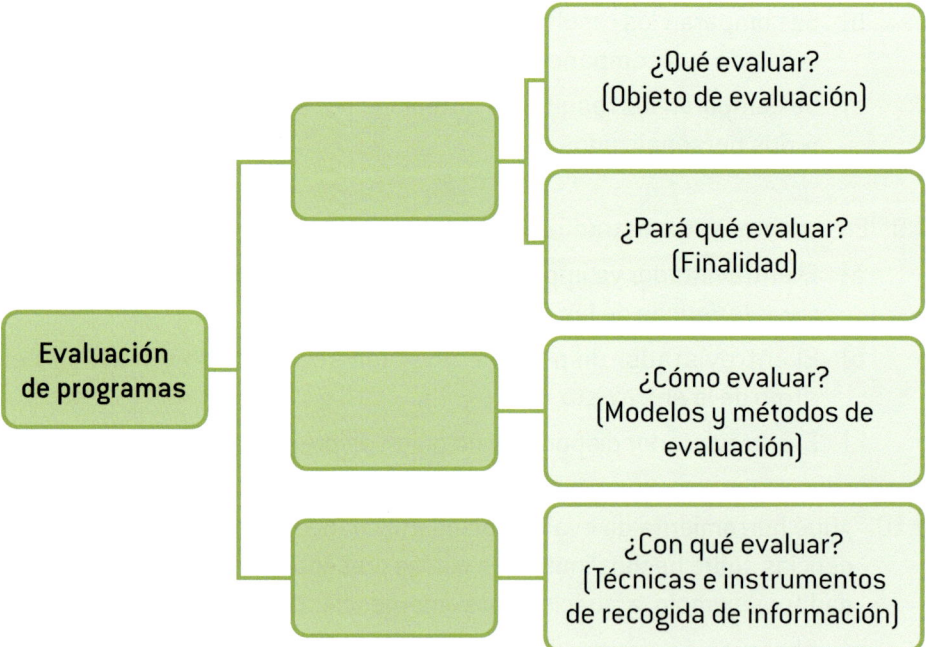

Evaluación de programas

¿Qué evaluar?
(Objeto de evaluación)

¿Pará qué evaluar?
(Finalidad)

¿Cómo evaluar?
(Modelos y métodos de evaluación)

¿Con qué evaluar?
(Técnicas e instrumentos de recogida de información)

1.3. Relaciona cada modelo teórico de evaluación de programas con sus principales características:

1) Evaluación responsiva (Stake, 1975)	a) Se basa en una estructura básica denominada CIPP (contexto, entrada, proceso, producto).
2) Planificación evaluativa (Cronbach, 1982)	b) El evaluador desconoce las metas que persigue el programa e investiga los efectos del mismo (independientemente de sus objetivos).
3) Evaluación orientada sobre la toma de decisiones (Stufflebeam, 1985)	c) Su principal característica es su adaptabilidad a las distintas circunstancias que van aconteciendo.
4) Modelo evaluativo orientado hacia el consumidor «de meta libre» (Scriven, 1974).	d) Su principal propósito es la descripción y la interpretación, más que la valoración y predicción.
5) Evaluación iluminativa (MacDonald, 1971)	e) Considera la interpretación subjetiva, como complementaria a las aportaciones extraídas desde la metodología científica.

1.4. En función de quién realice la evaluación del programa, ¿qué tipo de evaluaciones existen?

1.5. Indica qué tipo de escala se expone a continuación para valorar el desempeño del trabajador:

	Sí	No
El trabajador es capaz de realizar la grabación de datos en el soporte informático.	☐	☑
El trabajador es capaz de generar los documentos asociados al proceso de compraventa.	☑	☐
El trabajador es capaz de cotejar los datos entre albaranes y facturas.	☑	☐
...	☐	☐

CASO PRÁCTICO

Evaluación de un programa de inserción sociolaboral

CONTEXTO

Programa: **Integra2**

Objetivo general: facilitar la inserción laboral de personas con discapacidad en el mercado de trabajo ordinario, proporcionando formación, apoyo y seguimiento individualizado.

Duración: 12 meses.

Participantes: 50 personas con diversas discapacidades (físicas, sensoriales, intelectuales).

Intervenciones: formación en habilidades laborales, talleres de desarrollo personal, prácticas en empresas, ajustes en el puesto de trabajo y/o apoyos y seguimiento individualizado.

Antecedentes: el programa Integra2 ha sido implementado durante el último año y ha llegado el momento de realizar una evaluación integral para determinar su eficacia, eficiencia y el impacto en la vida de los participantes. Como parte del equipo evaluador, deberás diseñar y ejecutar la evaluación del programa.

Objetivos de la evaluación:

- Evaluar la eficacia: determinar si el programa ha alcanzado sus objetivos específicos y el objetivo general.

- Evaluar la eficiencia: analizar la relación entre los recursos utilizados y los resultados obtenidos.

- Evaluar el impacto: medir los cambios a largo plazo en la vida laboral y personal de los participantes.

- Proporcionar recomendaciones: sugerir mejoras para futuras ediciones del programa.

ACTIVIDADES

1. Definir los criterios de evaluación:

   a) Establece los indicadores clave para medir la eficacia (por ejemplo, número de participantes empleados tras el programa).

   b) Determina los parámetros para evaluar la eficiencia (por ejemplo, número de horas de formación por participante insertado con éxito).

   c) Identifica al menos tres indicadores de impacto (por ejemplo, mejoras la calidad de vida y satisfacción laboral).

2. Recolección de datos:

   a) Diseña herramientas de recolección de datos.

   b) Crea un cuestionario de satisfacción para los participantes.

   c) Diseña una guía de entrevista para empleadores que participaron en el programa.

3. Plan de análisis de datos:

   Especifica los métodos que utilizarías para analizar los datos cuantitativos y cualitativos.

4. Redacción del informe de evaluación:

   a) Esquematiza la estructura del informe final.

   b) Redacta una sección de conclusiones y recomendaciones basadas en posibles resultados.

GLOSARIO

- **Calidad (criterios):** conjunto de estándares y medidas utilizadas para evaluar el nivel de excelencia y adecuación de un programa, asegurando que cumple con las expectativas y necesidades de los participantes.

- **Efectividad:** grado en que un programa logra los objetivos propuestos y produce el impacto deseado.

- **Eficacia:** capacidad de un programa para alcanzar sus objetivos específicos de manera directa y precisa, independientemente de los recursos utilizados.

- **Eficiencia:** relación entre los recursos empleados en un programa y los resultados obtenidos, buscando maximizar la productividad y minimizar los costos.

- **Evaluación (de programas):** proceso sistemático de recolección y análisis de información para determinar el valor, la eficacia y el impacto de un programa.

- **Evaluación externa:** análisis realizado por evaluadores independientes fuera de la organización, con el fin de proporcionar una perspectiva imparcial sobre la efectividad y calidad del programa.

- **Evaluación formativa:** evaluación continua que se realiza durante la implementación del programa, con el objetivo de mejorar su desarrollo y optimizar sus componentes en tiempo real.

- **Evaluación interna (autoevaluación):** proceso en el cual los responsables del programa revisan y analizan su propio desempeño y resultados para identificar áreas de mejora desde dentro de la organización.

- **Evaluación sumativa:** evaluación que se lleva a cabo al final de un programa para determinar su éxito general y el grado en que se alcanzaron los objetivos planteados.

- **Impacto (resultado):** efecto a largo plazo de un programa en la vida de los participantes y su entorno, reflejando cambios significativos y sostenibles.

- **Itinerario de inserción:** plan personalizado que detalla las etapas y acciones necesarias para lograr la integración laboral de una persona, adaptado a sus necesidades y capacidades.

- **Metodología:** conjunto de métodos y técnicas utilizados para desarrollar e implementar un programa, garantizando un enfoque estructurado y efectivo.

- **Objetivo general:** meta principal y amplia que un programa de inserción sociolaboral busca alcanzar, orientada a mejorar la calidad de vida y la integración laboral de personas con discapacidad.

- **Objetivo específico:** metas concretas y detalladas que se deben lograr para alcanzar el objetivo general del programa, facilitando su planificación y evaluación.

- **Seguimiento individualizado:** proceso continuo de monitorización y apoyo personalizado a cada participante en un programa de inserción sociolaboral, asegurando que reciben la atención y recursos necesarios para su éxito laboral.

MAPA CONCEPTUAL

EVALUACIÓN DE PROGRAMAS DE INSERCIÓN SOCIOLABORAL

TIPOS DE EVALUACIÓN DE PROGRAMAS	VARIABLES DE EVALUACIÓN	INSTRUMENTOS Y TÉCNICAS DE RECOGIDA DE INFORMACIÓN

TIPOS DE EVALUACIÓN DE PROGRAMAS

— Según la función
  de la evaluación:
  · Evaluación formativa
  · Evaluación sumativa

— Según el momento
  de la evaluación:
  · Evaluación previa
  · Evaluación intermedia
  · Evaluación final

— Según el agente
  evaluador:
  · Evaluación interna
  · Evaluación externa

VARIABLES DE EVALUACIÓN

— Evaluación de los
  objetivos del programa
  de inserción

— Evaluación de los efectos
  del programa (impacto):
  · Relacionados con
    la persona beneficiaria
  · Relacionados
    con la empresa
  · Relacionados
    con el entorno

— Evaluación del propio
  proceso de inserción:
  · Actuaciones e
    intervenciones
  · Temporalización
  · Recursos
  · Relación programa-
    usuario/a
  · Actuación del técnico
    o preparador laboral
  · Intervención del
    entorno personal

INSTRUMENTOS Y TÉCNICAS DE RECOGIDA DE INFORMACIÓN

— Cuestionarios

— Entrevistas
  en profundidad

— Observación directa
  y registro

— Pruebas de simulación

— Análisis de productos
  de trabajo

— Análisis de documentos

2. Seguimiento de programas de inserción sociolaboral

Contenido

Introducción

El principal objetivo del seguimiento de programas de inserción sociolaboral es verificar el cumplimiento de las metas propuestas y, de esta manera, poder disminuir o extinguir gradualmente los apoyos que recibe el trabajador con discapacidad, favoreciendo su autonomía e independencia.

Los procesos de seguimiento, al igual que los itinerarios de inserción laboral, son individualizados. Por ello, los procedimientos utilizados, herramientas de evaluación, intervenciones, así como el tipo y frecuencia de actuaciones de seguimiento deben ajustarse a cada persona usuaria y a su situación específica. En cada caso, habrá que valorar de manera personalizada la secuencia a seguir para disminuir progresivamente los apoyos que recibe el trabajador.

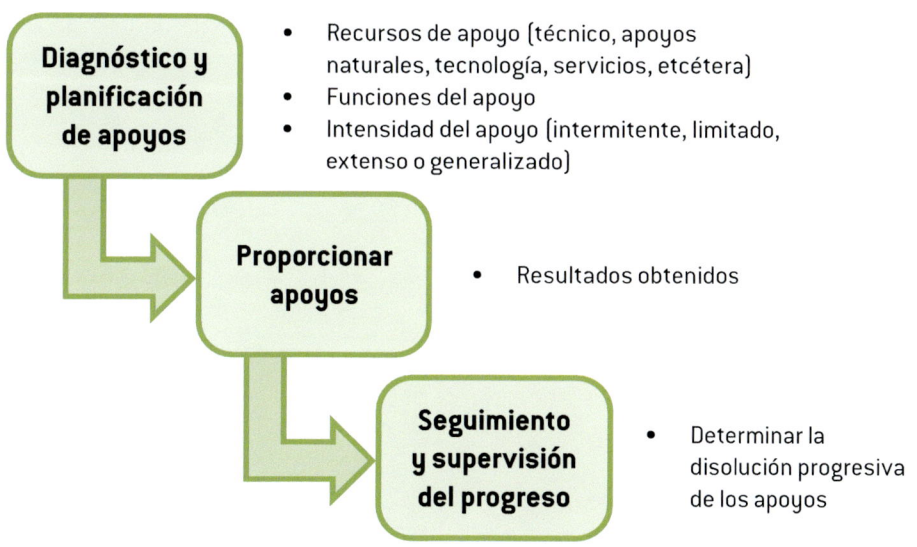

2.1. Indicadores de éxito en los programas de inserción sociolaboral de personas con discapacidad

Los indicadores de éxito son instrumentos que permiten medir los resultados obtenidos tras la implementación de programas de inserción laboral. Estos indicadores son unidades de medida que permiten el seguimiento y la evaluación de las variables clave del proceso, mediante su comparación con los correspondientes referentes. Estos indicadores tienen diferentes utilidades, siendo las principales:

- Valorar el grado de consecución de objetivos planteados.
- Medir los progresos y avances.
- Obtener mediciones sobre variables clave del proceso.
- Fijar nuevos objetivos.
- Identificar líneas de mejora.

Para construir un sistema de indicadores de éxito se debe responder a las siguientes cuestiones:

- ¿Qué se desea medir?
- ¿Cómo se medirá?
- ¿Quién recogerá la información?
- ¿En qué momento se realizarán las mediciones? ¿Con qué periodicidad?
- ¿Con qué referentes se comparará la información obtenida?

Indicadores de logro de programas de inserción laboral (O'Brien, 1990)

J. O'Brien (1990) propuso una serie de indicadores de logro para los programas de inserción laboral. Estos indicadores son:

1. Incremento de los sueldos
2. Aumento de las habilidades que den opciones a la persona
3. Incremento de las oportunidades de trabajo
4. Aumento de la variedad de negocios con presencia de personas con discapacidad
5. Desarrollo de empleos que ofrezcan roles positivos

6. Clasificación de los intereses y las capacidades
7. Aumento de las oportunidades de interacción
8. Aumento de la implicación del empleador
9. Aumento de la implicación de los compañeros de trabajo
10. Aumento del apoyo del mundo laboral a las personas con discapacidad
11. Aumento de las oportunidades para las personas con discapacidades más severas
12. Aumento del compromiso de la familia y de las personas cercanas al trabajador
13. Aumento de la competencia personal
14. Disminución de la inversión realizada en servicios segregados
15. Mejora de los apoyos
16. Visión de la comunidad como un todo
17. Desarrollo de grupos de trabajo
18. Apoyo al desarrollo de la carrera profesional de las personas con discapacidad

1. *Incremento de los sueldos de los trabajadores*

   El objetivo es que la remuneración sea lo más digna posible, incrementando el poder adquisitivo de las personas con discapacidad y favoreciendo así su autonomía personal. Igualmente, se plantea la necesidad de mejorar los beneficios sociales de los trabajadores, como los planes de jubilación o la atención sociosanitaria.

2. *Aumento de las habilidades que den opciones a la persona*

   Se pretende que las habilidades desarrolladas para el desempeño de un puesto de trabajo concreto sean válidas y útiles en otros contextos o en otros posibles empleos futuros.

3. *Incremento de las oportunidades de trabajo*

   Los programas de inserción deben tratar de difundir la capacidad y competencia de los trabajadores con discapacidad para abrir el mercado de trabajo a este colectivo. De esta manera, se favorece el acceso a un mayor número de funciones dentro de las empresas, diversificando las tareas. Con ello, se evita restringir las oportunidades a un número muy reducido de tareas y funciones, multiplicando sus posibilidades de desarrollo personal y social.

4. *Aumento de la variedad de negocios con presencia de personas con discapacidad*

   No solo es necesario incrementar las posibles tareas y funciones que las personas con discapacidad tienen que desarrollar, sino también los tipos de negocios en los que puedan desarrollar su actividad profesional. Para que los empresarios y la sociedad en general asuman definitivamente que las personas con discapacidad pueden desempeñar los mismos empleos que las personas sin discapacidad, debe fomentarse la presencia de estos trabajadores en un amplio rango de negocios, sectores, empresas y puestos.

5. *Desarrollo de empleos que ofrezcan roles positivos*

Resulta imprescindible garantizar que la persona con discapacidad no solo reciba un sueldo digno por un trabajo, sino que además tenga la oportunidad de desarrollar relaciones sociales positivas, jugando un papel valorable dentro de los entornos en los que se desenvuelve (contextos laborales y comunitarios).

6. *Clarificación de los intereses y las capacidades*

Los programas de inserción laboral deben estar centrados en la persona, teniendo en cuenta las preferencias, intereses y expectativas del trabajador con discapacidad. Además, se debe permitir a la persona con discapacidad opinar en todo momento sobre el proceso de inserción, consensuando con ella las metas y actuaciones que se van a llevar a cabo.

7. *Aumento de las oportunidades de interacción*

Es necesario que los entornos laborales y las tareas encomendadas no aíslen al trabajador con discapacidad. Por el contrario, los ambientes de trabajo deben brindar oportunidades para establecer contactos e interactuar con otros compañeros supervisores, clientes, etcétera.

8. *Aumento de la implicación del empleador*

Los programas de inserción laboral deben facilitar que el empleador/empresario tome conciencia sobre la importancia que tiene la empresa en el desarrollo de los apoyos necesarios para que el trabajador mantenga su empleo, en concienciación a otros empresarios sobre las posibilidades de los trabajadores con discapacidad, en la aceptación de la diversidad por parte de los trabajadores y en el afrontamiento de la relación con un compañero de trabajo discapacitado.

9. *Aumento de la implicación de los compañeros de trabajo*

Los compañeros deben aceptar la diversidad, haciéndoles ver la importancia de su papel en lo relativo a prestar las ayudas necesarias para que el trabajador con discapacidad sea capaz de ejecutar sus tareas con el mayor grado de autonomía posible. Además, se debe animar a los compañeros a implicar al trabajador en actividades sociales tanto dentro como fuera del lugar de trabajo.

10. *Aumento del apoyo del mundo laboral a las personas con discapacidad*

Es importante aumentar el apoyo del mundo laboral para que las personas con discapacidad sean tenidas en cuenta por las empresas de igual manera que el resto de trabajadores.

11. *Aumento de las oportunidades para las personas con discapacidades más severas*

Se trata de facilitar acceso al empleo al colectivo que presenta más dificultades, partiendo de la base de que es posible la integración sociolaboral si se utilizan los recursos humanos, técnicos y materiales necesarios. Para ello, se pueden poner en práctica diferentes alternativas: empleo con apoyo, teletrabajo, ajustes, ayudas técnicas, adaptaciones en los espacios físicos o en las tareas que se tienen que desarrollar, etcétera.

12. *Aumento del compromiso de la familia y de las personas cercanas al trabajador*

Consiste en conseguir la implicación de la familia y el entorno personal en el proceso de búsqueda, mantenimiento y mejora del empleo, apoyando a la persona en aquello que necesite.

13. *Aumento de la competencia personal*

A través del desempeño de un trabajo, se favorecen las habilidades aprendidas en relación al desplazamiento al centro de trabajo, la ejecución de tareas, los comportamientos sociales (en el entorno laboral y en otros contextos y circunstancias), la administración de los bienes obtenidos por el trabajo, los niveles de responsabilidad y autonomía desarrollados y la mejora de la autoestima y del sentimiento de autocompetencia.

14. *Disminución de la inversión realizada en servicios segregados*

Se trata de reducir la inversión en servicios segregados para derivar recursos a servicios integrados en la comunidad.

15. *Mejora de los apoyos*

Se proporciona la ayuda necesaria en la toma de decisiones, interviniendo en la negociación de los conflictos y aplicando nuevas tecnologías.

16. *Visión de la comunidad como un todo*

Los programas de inserción sociolaboral no pueden limitarse a proporcionar integración en los entornos laborales, sino que debe adoptarse una perspectiva más global (visión ecológica del conjunto de contextos en los que la persona con discapacidad se desenvuelve). Los programas de inserción no deben reducirse a los apoyos proporcionados necesarios para el empleo, también deben ofrecer apoyos en otros entornos relevantes para la persona.

17. *Desarrollo de grupos de trabajo*

Es necesario desarrollar grupos de trabajo en los que se encuentren representados todos los niveles de los profesionales que forman parte del programa. De esta manera, es posible desarrollar modelos de gestión orientados a la calidad total de los programas y servicios.

18. *Apoyo al desarrollo de la carrera profesional de las personas con discapacidad*

Los programas de inserción no deben limitarse a la obtención y el mantenimiento de un empleo concreto. Es necesario tener en cuenta las expectativas y deseos del trabajador, valorando sus aspiraciones de mejora, cambio, evolución, promoción o ascenso dentro de la empresa.

2.1.1. Trabajador y familia

A continuación se enumeran algunos ejemplos de indicadores de éxito de los programas de inserción sociolaboral de personas con discapacidad, en relación con el propio trabajador y su familia:

	INDICADORES DE ÉXITO DE LOS PROGRAMAS DE INSERCIÓN LABORAL EN RELACIÓN AL TRABAJADOR Y A SU FAMILIA	Sí	No
1	El trabajador y la familia se encuentran satisfechos con el proceso de inserción.		
2	Se han cumplido las expectativas iniciales del trabajador y la familia.		
3	El trabajador con discapacidad ha accedido y mantiene un puesto de trabajo acorde a sus expectativas, intereses y capacidades.		
4	El trabajador y su familia han participado activamente en el proceso de inserción.		
5	El programa tuvo en cuenta las expectativas, preferencias e intereses de la persona con discapacidad.		
6	La familia y el trabajador fueron convenientemente informados en todo momento.		
7	Se han clarificado las capacidades, potencialidades e intereses de la persona con discapacidad.		
8	El trabajador tuvo un papel activo en la formulación de objetivos, propuesta de intervenciones y construcción del itinerario de inserción.		
9	Se han realizado acciones de seguimiento tras la inserción laboral.		

	INDICADORES DE ÉXITO DE LOS PROGRAMAS DE INSERCIÓN LABORAL EN RELACIÓN AL TRABAJADOR Y A SU FAMILIA	Sí	No
10	El trabajador con discapacidad se ha desarrollado personal y profesionalmente.		
11	Se han incrementado las habilidades y destrezas de la persona con discapacidad.		
12	Han aumentado las oportunidades de empleo del trabajador.		
13	Se ha aumentado la competencia personal de la persona con discapacidad.		
14	Se han incrementado las oportunidades de interacción de la persona con discapacidad.		
15	Se ha aumentado el compromiso de la familia y de las personas cercanas al trabajador.		

2.1.2. Empleador

A continuación se enumeran algunos ejemplos de indicadores de éxito de los programas de inserción sociolaboral de personas con discapacidad, en relación con el empleador:

	INDICADORES DE ÉXITO DE LOS PROGRAMAS DE INSERCIÓN LABORAL EN RELACIÓN AL EMPLEADOR	Sí	No
1	El empleador se encuentra satisfecho con el proceso de inserción.		
2	Se han identificado adecuadamente las oportunidades laborales.		
Contacto con la empresa			
3	Se han tenido en cuenta las necesidades y demandas de la empresa.		
4	Se ha facilitado a la empresa información por escrito a través de elementos de difusión.		
5	Se han presentado casos concretos (capacidades, puntos fuertes, competencias...), no el colectivo y sus dificultades.		
6	Se ha el mantenido el vínculo a través de contactos frecuentes, realizando propuestas, seguimiento, etcétera.		
7	Se han ofrecido soluciones a la empresa.		
Gestión de ofertas de trabajo			
8	Se han recogido todos los datos de la oferta con el máximo detalle posible (descripción del puesto, preferencias de la empresa, condiciones, etcétera).		
9	Se ha conocido *in situ* el contexto de trabajo, funciones y tareas que se deben desarrollar, entorno laboral, resultados que se quieren obtener...		
10	Se han presentado solo a las personas que encajaban con el perfil solicitado.		

INDICADORES DE ÉXITO DE LOS PROGRAMAS DE INSERCIÓN LABORAL EN RELACIÓN AL EMPLEADOR		Sí	No
11	Se ha realizado un seguimiento de todos los candidatos que realizaban el proceso de selección con la empresa.		
12	El ajuste entre persona y puesto es idóneo.		
13	Se ha valorado la satisfacción con la gestión de la oferta.		
14	Se ha recibido información suficiente durante todo el proceso.		
Seguimiento posinserción			
15	Se ha determinado la persona de contacto por parte de la empresa (responsable, supervisor, etcétera).		
16	Se ha establecido la frecuencia y el canal de comunicación con la persona referente de la empresa.		
17	Se han realizado acciones de seguimiento tras la inserción laboral.		
18	Se ha evaluado el desempeño del trabajador.		
19	El servicio de inserción ha dado respuesta a las incidencias y dificultades.		

2.1.3. Profesional que presta el apoyo (preparador laboral)

A continuación se enumeran algunos ejemplos de indicadores de éxito de los programas de inserción sociolaboral de personas con discapacidad, en relación con el profesional que presta el apoyo (preparador laboral):

INDICADORES DE ÉXITO DE LOS PROGRAMAS DE INSERCIÓN LABORAL EN RELACIÓN AL PREPARADOR LABORAL		Sí	No
1	El preparador laboral se encuentra satisfecho con el proceso de inserción.		
Acceso y acogida inicial			
2	Se han identificado adecuadamente las expectativas e intereses de la persona con discapacidad.		
3	Se ha facilitado información ajustada a las características del usuario.		
4	Se ha creado un vínculo y clima de confianza y respeto.		
5	Se han dado garantías de confidencialidad.		
Valoración de las personas usuarias			
6	Se ha trazado un perfil profesional: competencias y habilidades (conocimientos, formación, experiencia...).		
7	Se ha valorado la motivación para el trabajo.		
8	Se ha analizado el ajuste a la realidad del mercado laboral.		
9	Se ha realizado un análisis de empleabilidad: facilitadores y barreras para el proceso de inserción.		

INDICADORES DE ÉXITO DE LOS PROGRAMAS DE INSERCIÓN LABORAL EN RELACIÓN AL PREPARADOR LABORAL		Sí	No
10	Se han valorado los apoyos naturales disponibles.		
11	Se han valorado los sectores de interés para el trabajo.		
Entrevista de devolución y diseño del itinerario			
12	Se ha compartido la información recogida.		
13	Se ha consensuado el itinerario con objetivos concretos, medibles a través de resultados específicos y temporizados.		
14	Se ha valorado el tipo, frecuencia, intensidad y duración del apoyo en el itinerario.		
15	Se ha acordado con el usuario la metodología de seguimiento del itinerario.		
Desarrollo y seguimiento del itinerario			
16	Las intervenciones realizadas fueron suficientes (en cuanto a calidad y cantidad) para alcanzar los objetivos.		
17	Se han evaluado los objetivos del plan de trabajo.		
18	Se ha valorado la satisfacción respecto al trabajo y al servicio.		
19	Se han gestionado adecuadamente las incidencias.		
20	Se han analizado las situaciones y/o factores de riesgo.		
21	Se han identificado las personas de referencia en la empresa.		
22	Se han realizado las actuaciones de seguimiento pertinentes.		
23	Se han mantenido activos los canales de comunicación con el trabajador, su entorno y la empresa.		

2.2. Análisis de los resultados y elaboración de informes de evolución

El principal documento en el que se refleja todo el proceso seguido en el programa de inserción laboral y sus correspondientes resultados es un informe de evolución. Algunas recomendaciones generales para la elaboración del informe son:

- Utilizar de un lenguaje claro, sencillo y comprensible por una amplia variedad de personas. Por ello, se recomienda evitar los tecnicismos y apoyarse en elementos gráficos que faciliten su lectura.

- Seguir una estructura lógica y manejable, fácilmente entendible.

- Reflejar claramente los resultados obtenidos y relacionarlos con las intervenciones realizadas.

- Incluir información que sea de utilidad a las personas que vayan a acceder al informe.

- Ofrecer una visión global de la intervención realizada.

2.2.1. Objetivos, estructura y contenidos del informe de evolución

El objetivo principal de los informes de evolución es comunicar a las personas interesadas los resultados del programa de inserción sociolaboral. La estructura y el contenido del informe dependen de las características propias de cada programa de inserción, así como de las necesidades y demandas atendidas. Sin embargo, puede establecerse la siguiente estructura general del informe:

- Introducción y justificación.
- Análisis descriptivo del programa:
  — Objetivos (generales y específicos).
  — Fases o etapas.
  — Actuaciones e intervenciones.
  — Responsables, agentes intervinientes y equipo técnico.
  — Temporalización (cronograma).
  — Recursos.
  — Apoyos.
  — Procedimiento de seguimiento y evaluación.
  — Métodos, instrumentos y procedimientos utilizados en la recogida de datos.
- Análisis de datos.
- Síntesis valorativa de resultados:
  — Conclusiones (apoyadas en el análisis de los datos).
  — Recomendaciones:
    - Aspectos a mejorar y propuestas de cambios.
    - Aspectos positivos y elementos del programa a mantener.
    - Sugerencias dirigidas a las personas implicadas en la intervención.
- Resumen final.
- Anexos.

2.2.2. Comunicación de los resultados de la evaluación

Los informes deben estar ajustados a las características y necesidades de sus destinatarios, para que puedan comprender fácilmente la información. En cualquier caso, estos informes pueden complementarse con otras medidas para comunicar los resultados obtenidos en el programa como:

- Sesiones de trabajo para presentar los resultados obtenidos.
- Comunicaciones breves (escritas u orales).
- Presentaciones orales (seminarios, jornadas, reuniones, talleres, etcétera).
- Edición de contenidos multimedia.
- Otros materiales que faciliten la correcta transmisión de la información.

En cada caso, deberá analizarse el grado de difusión de los resultados que quiera realizarse, estableciéndose una estrategia de comunicación. Esta estrategia de comunicación deberá tener en cuenta tres aspectos fundamentales:

- Cómo se van a transmitir y/o difundir los resultados (medios, soportes, canales, instrumentos, etcétera).
- Cuándo se va a transmitir y/o difundir la información.
- A quién se van a comunicar los resultados del programa.

2.3. La retirada de los apoyos y la planificación de los nuevos aprendizajes

Los apoyos que recibe el trabajador con discapacidad pueden ser de diversos tipos en función de diferentes factores como la frecuencia, intensidad y duración. El objetivo del seguimiento del proceso de inserción laboral es determinar la secuencia para reducir los apoyos de manera paulatina, haciéndolos cada vez menos intensos, frecuentes y duraderos.

Los tipos de apoyos son:

- Intermitente: el apoyo se presta de manera esporádica, solo en los casos en los que resulta necesario, y es poco frecuente.
- Limitado: el apoyo se presta ocasionalmente durante un periodo de tiempo limitado. Estos apoyos se prestan con una frecuencia regular.
- Extenso: el apoyo se presta de manera continuada y sin límite de tiempo. Su frecuencia suele ser regular o alta, y tienen bastante intensidad.
- Generalizado: el apoyo se presta de manera continuada y estable, con alta frecuencia e intensidad.

Aunque no siempre es lineal, el proceso de retirada de apoyos puede seguir la siguiente secuencia:

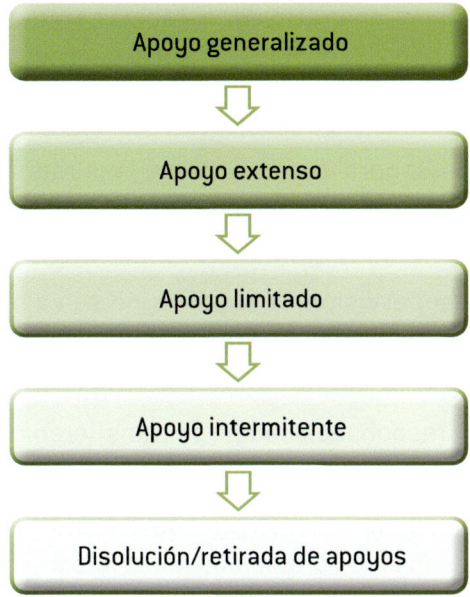

Durante el seguimiento de cada programa de inserción sociolaboral de personas con discapacidad, se retirarán de manera progresiva los apoyos y el número de intervenciones realizadas. Esta transición se conoce comúnmente como **extinción de apoyos** y es necesaria para maximizar la autonomía y la independencia de la persona trabajadora en su entorno sociolaboral.

El proceso de retirada de apoyos dependerá del análisis de las necesidades de cada caso concreto, aunque pueden establecerse una etapas generales:

Etapa 1: Implementación inicial de apoyos y supervisión en el puesto de trabajo

El preparador laboral acompaña a la persona trabajadora durante los primeros días o semanas, ofreciendo apoyo directo y constante, garantizando además que se implementen las adaptaciones y los apoyos necesarios en cada caso.

Se proporciona apoyo continuo para facilitar la integración y se ofrece una supervisión intensiva al inicio, que puede incluir la presencia constante del preparador laboral o de otra persona de apoyo.

Etapa 2: Evaluación y ajuste continuo

Tras los primeros días y, para garantizar que la persona está integrándose con éxito en su puesto de trabajo, son necesarias una evaluación regular y una retroalimentación continua:

- Evaluación regular: se realizan evaluaciones periódicas para medir el progreso de la persona trabajadora y ajustar los apoyos si fuera necesario.

- *Feedback:* se proporciona retroalimentación continua a la persona para mejorar su desempeño y adaptarse mejor al entorno laboral.

Etapa 3: Reducción gradual de apoyos

Cuando el preparador laboral determine que la persona ha alcanzado una serie de hitos u objetivos marcados, puede comenzar la reducción gradual de apoyos.

- Disminución de supervisión: la supervisión se va reduciendo gradualmente a medida que la persona trabajadora demuestra competencia y confianza en sus tareas y funciones.

- Transferencia de responsabilidades: se transfieren paulatinamente más responsabilidades a la persona trabajadora, fomentando su autonomía.

- Fomento de la independencia: se promueve la independencia, animando a la persona a resolver los problemas por sí misma y a tomar decisiones relacionadas con su trabajo.

La duración de esta etapa de reducción gradual de apoyos dependerá del progreso de cada caso.

Etapa 4: Apoyos eventuales y revisión periódica

Una vez retirados los apoyos continuos, pueden mantenerse disponibles determinados apoyos eventuales para situaciones específicas o emergencias.

Se debe realizar una revisión periódica del desempeño de la persona trabajadora y de la necesidad de cualquier ajuste en los apoyos, asegurando que se mantenga la eficacia y el bienestar en el trabajo. La periodicidad de estas revisiones vendrá marcada por las necesidades de cada caso.

El proceso de retirada de apoyos no es lineal ni es igual para todas las personas, ya que debe adaptarse a las necesidades individuales de cada persona. Por ello, es clave la flexibilidad y la capacidad de ajustar los apoyos según el progreso y las necesidades cambiantes de la persona con discapacidad.

A su vez, el proceso de seguimiento permite establecer nuevos objetivos y determinar qué nuevos aprendizajes deben realizarse. Durante el desarrollo de la actividad profesional pueden aparecer nuevas necesidades, debido a diferentes causas (cambios en el puesto de trabajo, introducción de nuevas tecnologías, nuevas demandas, cambios organizativos o productivos, etc.).

Estas nuevas necesidades deben servir como base para la definición de nuevas metas, delimitándose qué competencias, destrezas o conocimientos debe adquirir la persona y cuáles son las intervenciones idóneas para ello.

Por otro lado, existe la posibilidad de que, una vez conseguida la estabilización en el puesto de trabajo, la persona con discapacidad esté interesada en promocionar a un nuevo cargo, adquirir nuevas funciones y/o responsabilidades o desarrollar su carrera profesional. En estos casos, aunque no existan unas demandas nuevas y específicas en el puesto de trabajo que la persona desempeña, será necesario igualmente establecer las pautas de actuación para planificar nuevos aprendizajes.

RESUMEN

- El principal objetivo del seguimiento de los programas de inserción sociolaboral es verificar el cumplimiento de las metas propuestas y, de esta manera, poder disminuir o extinguir gradualmente los apoyos que recibe el trabajador con discapacidad, favoreciendo su autonomía e independencia.

- Los indicadores de éxito son instrumentos que permiten medir los resultados obtenidos tras la implementación de programas de inserción laboral. Estos indicadores son unidades de medida que permiten el seguimiento y la evaluación de las variables clave del proceso, mediante su comparación con los correspondientes referentes.

- El principal documento en el que se refleja todo el proceso seguido en el programa de inserción laboral y sus correspondientes resultados es un informe de evolución.

- El objetivo principal de los informes de evolución es comunicar a las personas interesadas los resultados del programa de inserción sociolaboral. La estructura y el contenido del informe dependen de las características propias de cada programa de inserción, así como de las necesidades y demandas atendidas.

- Los informes deben estar ajustados a las características y necesidades de sus destinatarios, para que puedan comprender fácilmente la información.

- Los informes pueden complementarse con otras medidas para comunicar los resultados obtenidos en el programa (sesiones de trabajo para presentar los resultados, comunicaciones breves, presentaciones orales, edición de contenidos multimedia u otros materiales que faciliten la correcta transmisión de la información).

- El objetivo del seguimiento del proceso de inserción laboral es determinar la secuencia para reducir los apoyos de manera paulatina, haciéndolos cada vez menos intensos, frecuentes y duraderos.

ACTIVIDADES DE AUTOEVALUACIÓN

2.1. Señala la opción incorrecta en relación con el seguimiento de los itinerarios de inserción sociolaboral:

a) Su objetivo es verificar el cumplimiento de las metas propuestas para disminuir o extinguir gradualmente los apoyos que recibe el trabajador con discapacidad.

b) Los procesos de seguimiento están estandarizados.

c) El tipo y frecuencia de actuaciones de seguimiento deben ajustarse a cada situación específica.

2.2. ¿Cuál de las siguientes opciones no es un indicador de logro de programas de inserción laboral propuesto por O'Brien (1990)?

a) Incremento de los sueldos de los trabajadores.

b) Aumento de la variedad de negocios con presencia de personas con discapacidad.

c) Aumento de la inversión realizada en servicios segregados.

2.3. Señala la opción incorrecta en relación con los informes de evolución:

a) Se recomienda utilizar tecnicismos y apoyarse en elementos gráficos para evitar ambigüedades.

b) Debe ofrecer una visión global de la intervención realizada.

c) Debe vincular claramente los resultados obtenidos con las intervenciones realizadas.

2.4. ¿Cómo se comunican los resultados de la intervención?

a) Solo mediante los informes de evolución.

b) Mediante los informes de evolución y otras medidas complementarias.

c) Principalmente mediante presentaciones orales (seminarios, jornadas, reuniones, talleres, etcetera).

2.5. ¿Cómo se denomina el apoyo que se presta de manera esporádica, solo en los casos en los que resulta necesario, y es poco frecuente?

a) Intermitente.

b) Limitado.

c) Extenso.

ACTIVIDADES DE APLICACIÓN

2.1. Explica por qué un indicador de logro de los programas de inserción sociolaboral es la disminución de la inversión realizada en servicios segregados.

2.2. ¿Qué tipo de recomendaciones pueden incluirse en un informe de evolución?

2.3. Señala si las siguientes afirmaciones son verdaderas o falsas acerca de los tipos de apoyos:

	V	F
El apoyo limitado es aquel que se presta de manera esporádica, solo en los casos en los que resulta necesario, y es poco frecuente.	❏	❏
El apoyo intermitente se presta ocasionalmente durante un periodo de tiempo con una frecuencia regular.	❏	❏
El apoyo extenso se presta de manera continuada y sin límite de tiempo. Su frecuencia suele ser regular o alta, y tienen bastante intensidad.	❏	❏
El apoyo generalizado se presta de manera continuada y estable, con alta frecuencia y baja intensidad.	❏	❏

CASO PRÁCTICO

Elaboración de un informe de evolución y planificación de retirada de apoyos en el puesto de trabajo

CONTEXTO

Programa: **Progreso Laboral**

Objetivo general: apoyar a personas con discapacidad en su integración y estabilidad en el empleo, proporcionando acompañamiento y recursos adaptados.

Duración: 12 meses.

Participantes: 30 personas con diversas discapacidades empleadas en diferentes empresas.

Antecedentes: el programa Progreso Laboral ha estado en funcionamiento durante un año y ha proporcionado apoyo continuo a sus participantes en sus respectivos lugares de trabajo. Ahora se debe realizar un informe de evolución para cada participante y planificar la retirada gradual de los apoyos, con el objetivo de asegurar que puedan mantener su empleo de manera autónoma.

Objetivos:

- Evaluar la evolución de los participantes: analizar el progreso de cada participante en términos de habilidades, desempeño laboral y adaptación al entorno de trabajo.

- Planificar la retirada de apoyos: diseñar un plan gradual para reducir los apoyos proporcionados, asegurando una transición suave hacia la autonomía completa en el puesto de trabajo.

- Proporcionar recomendaciones: ofrecer sugerencias específicas para cada participante y su empleador para facilitar la estabilidad laboral a largo plazo.

ACTIVIDADES

1. Recolección de información:

   a) Diseña una encuesta para los supervisores en la empresa sobre el desempeño y la integración del participante.

b) Redacta una guía de entrevista para los participantes sobre su experiencia y percepción de los apoyos recibidos.

2. Análisis de evolución:

Para identificar logros y áreas que requieren mejora, elabora un cuadro de mando con los indicadores clave de evolución para cada participante. Recuerda incluir variables sobre el progreso de diferentes ámbitos (desarrollo de habilidades laborales, sociales y comunicativas).

3. Elaboración del informe de evolución:

a) Esquematiza la estructura de un informe de evolución.

b) Redacta un informe de ejemplo para un participante, incluyendo secciones de evaluación de su evolución, logros, áreas de mejora y recomendaciones para el futuro. Puedes incluir gráficos y tablas para ilustrar el progreso.

4. Planificación de la retirada de apoyos:

a) Diseña un plan de retirada gradual de los apoyos de un participante específico, detallando:

I. Etapas y acciones que se deben seguir.

II. Indicadores de éxito en cada etapa para monitorear la transición y ajustar el plan según sea necesario.

III. Cronograma detallado para la retirada de apoyos.

5. Presentación del plan y recomendaciones:

Prepara una presentación del informe de evolución y el plan de retirada de apoyos para los participantes y sus empleadores (utilizando herramientas como PowerPoint, Canva, Keynote, Google Slides o similar).

GLOSARIO

- **Agentes intervinientes:** personas, instituciones u organizaciones que participan y contribuyen activamente en el desarrollo y ejecución de un programa de inserción sociolaboral. Incluyen profesionales, servicios de empleo, entidades formativas y redes de apoyo.

- **Análisis de datos:** proceso de recopilación, procesamiento y evaluación de información cuantitativa y cualitativa para obtener insights y medir la efectividad de un programa.

- **Informe de devolución:** documento que presenta los resultados y conclusiones de una evaluación o análisis, proporcionando retroalimentación a los interesados para mejorar la implementación y eficacia del programa.

- **Intervenciones (en programas):** acciones y estrategias específicas diseñadas e implementadas dentro de un programa de inserción sociolaboral para apoyar y facilitar la integración laboral de personas con discapacidad.

- **Seguimiento (de programas):** proceso continuo de monitorización y revisión de un programa para asegurar su correcta implementación y adaptar las estrategias según sea necesario para alcanzar los objetivos establecidos.

- **Progreso:** medición del avance de los participantes hacia la consecución de los objetivos establecidos en el itinerario de inserción sociolaboral, reflejando mejoras en habilidades, competencias y empleo.

- **Retirada (de apoyos):** proceso gradual de disminución de la asistencia y recursos proporcionados a los participantes a medida que alcanzan una mayor autonomía y estabilidad en su integración laboral.

MAPA CONCEPTUAL

```
┌─────────────────────────────────────────┐
│   SEGUIMIENTO DE PROGRAMAS DE            │
│      INSERCIÓN SOCIOLABORAL              │
└─────────────────────────────────────────┘
```

INDICADORES DE ÉXITO EN LOS PROGRAMAS DE INSERCIÓN SOCIOLABORAL DE PERSONAS CON DISCAPACIDAD

INFORMES DE EVOLUCIÓN

RETIRADA DE APOYOS

— Trabajador y familia
— Empleador
— Profesional que presta el apoyo (preparador laboral)

Fases:
1. Análisis de resultados
2. Elaboración de informes de evolución:
   a. Introducción y justificación
   b. Análisis descriptivo del programa
   c. Análisis de datos
   d. Síntesis valorativa de los resultados (conclusiones y recomendaciones)
   e. Resumen final
   f. Anexos
3. Comunicación de los resultados de la evaluación

Extinción de apoyos:
— Etapa 1: Implementación inicial de apoyos y supervisión en el puesto de trabajo
— Etapa 2: Evaluación y ajuste continuo
— Etapa 3: Reducción gradual de apoyos
   · Disminución de supervisión
   · Transferencia de responsabilidades
   · Fomento de la independencia
— Etapa 4: Apoyos eventuales y revisión periódica

3. Análisis de la calidad de vida tras la incorporación laboral

Contenido

Introducción

La actividad profesional es fundamental para cualquier persona, incluyendo a las personas con discapacidad, ya que no solo tiene una función económica (ingresos, independencia económica, etc.), sino que además cumple con otras funciones psicosociales de gran importancia que contribuyen de manera decisiva a la mejora de la calidad de vida.

Para poder analizar la calidad de vida de las personas con discapacidad tras su incorporación al mundo laboral, es necesario definir el concepto «calidad de vida» e identificar sus dimensiones e indicadores.

Según Schalock y Verdugo, la calidad de vida «es un estado deseado de bienestar personal que: es multidimensional; tiene propiedades éticas (universales) y émicas (ligadas a la cultura); tiene componentes objetivos y subjetivos; y está influenciada por factores personales y ambientales».

> *«Calidad de vida es un concepto que refleja las condiciones de vida deseadas por una persona en relación con ocho necesidades fundamentales que representan el núcleo de las dimensiones de la vida de cada uno: bienestar emocional, relaciones interpersonales, bienestar material, desarrollo personal, bienestar físico, autodeterminación, inclusión social y derechos»* (Schalock, 1996).

En el modelo de calidad de vida propuesto por Robert L. Schalock y M. A. Verdugo (2002) se especifican las siguientes dimensiones e indicadores:

CALIDAD DE VIDA: DIMENSIONES E INDICADORES (SCHALOCK Y VERDUGO, 2002)		
DIMENSIÓN	**INDICADORES**	
Bienestar emocional	Seguridad Felicidad Autoconcepto	Espiritualidad Disminución del estrés Satisfacción
Relaciones interpersonales	Intimidad Familia Amistades	Afecto Interacciones Apoyos

CALIDAD DE VIDA: DIMENSIONES E INDICADORES (SCHALOCK Y VERDUGO, 2002)		
DIMENSIÓN	**INDICADORES**	
Bienestar material	Ser propietario Seguridad Empleo Estatus socioeconómico	Comida Finanzas Posesiones Protección
Desarrollo personal	Educación Satisfacción Actividades significativas	Habilidades Competencia personal Progreso
Bienestar físico	Salud Ocio Seguros médicos Cuidados sanitarios	Actividades de la vida diaria Movilidad Tiempo libre Nutrición
Autodeterminación	Autonomía Decisiones Autodirección	Valores personales y metas Control personal Elecciones
Inclusión social	Aceptación Apoyos Ambiente residencial Actividades comunitarias	Voluntariado Ambiente laboral Redes sociales Posición social
Derechos	Derecho al voto Accesibilidad Privacidad	Juicio justo Derecho a ser propietario Responsabilidades cívicas

Fuente: Schalock y Verdugo (2002)

La calidad de vida puede verse afectada por diferentes niveles del sistema, por lo que debe adoptarse una perspectiva ecológica. Schalock y Verdugo (2002) propusieron tres niveles del sistema que afectan a la calidad de vida:

- Microsistema o contexto social inmediato: familia, hogar, amistades, grupo de iguales, lugar de trabajo, etcétera.

- Mesosistema: comunidad, vecindario agencias de servicios, organizaciones, etcétera.

- Macrosistema: los patrones culturales más amplios, tendencias sociopolíticas, sistemas económicos, y otros factores relacionados con la sociedad.

Enfoque ecológico de la calidad de vida: niveles del sistema

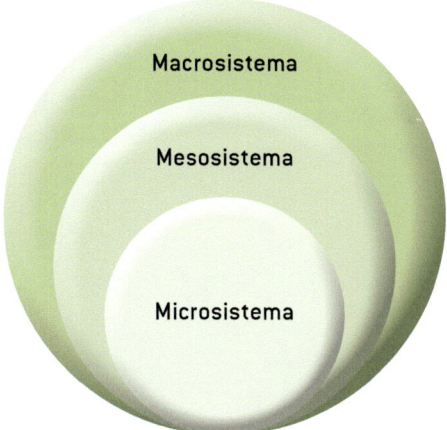

Al adoptar este enfoque ecológico, se pone de manifiesto la necesidad de incluir dimensiones e indicadores de la calidad de vida que reflejen los diferentes sistemas donde viven y se desarrollan las personas (micro, meso y macrosistema). Es decir, el análisis de la calidad de vida no debe centrarse en la persona con discapacidad, sino incluir también la valoración de los cambios producidos en los entornos donde esta se desenvuelve.

3.1. Impacto del empleo en la calidad de vida de las personas con discapacidad

Si partimos de la base de que la calidad de vida es un concepto multidimensional, el impacto que la incorporación laboral tiene en ella deberá analizarse teniendo en consideración las diferentes dimensiones que componen la calidad de vida.

En este sentido, el impacto del empleo se entiende como la diferencia entre la situación inicial y la final en cada una de las dimensiones de la calidad de vida.

3.1.1. Desde el punto de vista del trabajador

Para analizar la calidad de vida de las personas con discapacidad tras la incorporación al empleo pueden utilizarse diferentes herramientas o instrumentos. Una de estas herramientas es la Escala de Calidad de Vida-GENCAT desarrollada por el INICO (Instituto Universitario de Integración en la Comunidad, Universidad de Salamanca) y cuyos autores son Miguel Ángel Verdugo Alonso (dir.), Benito Arias Martínez, Laura E. Gómez Sánchez y Robert L. Schalock.

La escala GENCAT se construyó y validó a partir del modelo multidimensional propuesto por Schalock y Verdugo (2002), proporcionando puntuaciones para las ocho dimensiones de la calidad de vida (bienestar emocional, bienestar físico, bienestar material, autodeterminación, desarrollo personal, inclusión social, relaciones interpersonales y derechos). También permite conocer un índice global de calidad de vida.

Gracias a esta escala, se puede conocer el perfil de calidad de vida de una persona y supervisar, de esta manera, los progresos y resultados de los procesos de inserción en los que ha participado. Los informadores que deben cumplimentar este instrumento de evaluación son los profesionales de los servicios sociales, quienes deben responder a los ítems basándose en la observación de la persona.

La escala GENCAT presenta una serie de afirmaciones relativas a la calidad de vida de la persona y el informante debe marcar la opción de respuesta que mejor describa a dicha persona (escala «Siempre o casi siempre», «Frecuentemente», «Algunas veces» y «Nunca o casi nunca»). Los ítems se presentan agrupados en las ocho dimensiones de la calidad de vida: bienestar emocional, relaciones interpersonales, bienestar material, desarrollo personal, bienestar físico, autodeterminación, inclusión social y derechos.

3.1.2. Desde el punto de vista de la familia y/o su entorno personal

El entorno más cercano a la persona con discapacidad desempeña un papel determinante para el desarrollo, la autonomía y la autodeterminación de la misma y, por lo tanto, para su calidad de vida. Sin embargo, no hay que olvidar que la relación es bidireccional: la calidad de vida de la persona con discapacidad influye en la calidad de vida de su familia y viceversa.

La calidad de vida en general (incluyendo las ocho dimensiones propuestas por Shalock y Verdugo) constituye el marco de referencia para el concepto de calidad de vida familiar. Por ello, al analizar el impacto del empleo en el entorno familiar de la persona con discapacidad se deberán evaluar sus diferentes dimensiones, utilizando varios indicadores. A continuación se propone una serie de indicadores que pueden ser utilizados para analizar la calidad de vida de los familiares de la persona con discapacidad tras su incorporación al mercado de trabajo:

- Mejora/empeoramiento de la calidad de las interacciones familiares.
- Aumento/disminución de las interacciones familiares.
- Aumento/disminución del tiempo libre de los familiares.
- Existencia de apoyos externos.
- Grado en el que los miembros de la familia ayudan a la persona con discapacidad a realizar sus tareas y actividades.

- Bienestar emocional de los componentes de la familia.

- Bienestar material de la familia.

- Relación de la familia con los proveedores de servicios que trabajan con la persona con discapacidad.

- Presencia/ausencia de conflictos.

Turnbull, Summers y Poston (2000) afirmaron que «las familias experimentan su máximo nivel de calidad de vida cuando sus necesidades son satisfechas, sus miembros disfrutan la vida conjuntamente como una familia, y a su vez tienen la oportunidad de perseguir y conseguir metas que son significativas para ellos». De esta definición se desprende que la calidad de vida familiar se ve favorecida cuando la persona con discapacidad accede a un empleo acorde a sus intereses, preferencias y capacidades.

> «*Calidad de vida familiar es un estado dinámico de bienestar de la familia, definido de forma colectiva y subjetiva, y valorado por sus miembros, en el que interactúan las necesidades a nivel individual y familiar*» (Zuna, Summers y cols. 2009).

Los profesionales que trabajan en los servicios de inserción sociolaboral de personas con discapacidad deben plantearse los posibles modos de colaboración y comunicación con los diferentes miembros de la familia. Es muy importante dar la oportunidad de participar en los programas de inserción a todas las personas relevantes en el entorno personal (con frecuencia, algunos servicios de inserción se limitan a realizar comunicaciones periódicas con uno de los progenitores de la persona). Por ello, se debe conocer el entorno personal y determinar qué persona/s son importantes en la vida del usuario (madre, padre, hermano/a, amigo/a íntimo, otro familiar o persona cercana) y establecer vínculos con ellas.

Actuando de esa manera se abren muchas más posibilidades de colaboración y se dispone de más fuentes de información para analizar el impacto del empleo en la calidad de vida familiar.

La evaluación de la familia y el entorno personal para conocer el impacto del empleo en la calidad de vida puede realizarse con diferentes instrumentos o técnicas, optándose por una u otra herramienta en función de la situación familiar y la disponibilidad de sus componentes. Algunas herramientas para analizar el impacto del empleo en las familias son: entrevistas (estructuradas, no estructuradas o mixtas), cuestionarios, escalas autoadministradas, listas de cotejo, etcétera.

Al valorar la calidad de vida de los miembros de la familia de la persona con discapacidad tras la incorporación laboral de esta, es importante analizar detenidamente los puntos coincidentes y los discrepantes. Un componente de la familia (por ejemplo, la madre) puede tener una percepción de la calidad de vida familiar diferente a la de otro/s miembros. De igual manera, es imprescindible contrastar los datos aportados por la familia con los aportados por la propia persona con discapacidad para descubrir posibles discrepancias.

Escala de Calidad de Vida Familiar (ECVF)

La Escala de Calidad de Vida Familiar (ECVF) es un instrumento desarrollado por investigadores del *Beach Center on Disability* de la Universidad de Kansas (2001). Esta herramienta se basa en la medición de cinco factores:

Factor 1. Interacción familiar

Hace referencia a la relación entre los miembros de la familia y el clima emocional. Los indicadores de este factor son:

Los miembros de mi familia:
- Disfrutan del tiempo juntos.
- Se expresan abiertamente unos con otros.
- Resuelven los problemas unidos.
- Se apoyan unos a otros para alcanzar objetivos.
- Se demuestran cariño y preocupación.
- Hacen frente juntos a los altibajos de la vida.

Factor 2. Recursos generales de la familia y bienestar emocional

Hace referencia al cuidado familiar, actividades diarias del hogar, obtención de ayuda externa, habilidades y oportunidades para tener relaciones con personas de fuera de la familia, estrés, etc. Los indicadores de este factor son:

La familia:
- Cuenta con el apoyo necesario para aliviar el estrés.
- Cuenta con amigos u otras personas que les brindan apoyo.
- Disponen de algún tiempo libre para ellos.
- Cuentan con ayuda externa para atender las necesidades especiales de todos los miembros de la familia.

Factor 3. Rol parental

Es el papel que adoptan los padres de la persona con discapacidad (la forma en que los progenitores cuidan, orientan, apoyan y guían a los hijos). Los indicadores de este factor son:

Los miembros de la familia:
- Disponen del tiempo suficiente para ocuparse de las necesidades de la persona con discapacidad.
- Conocen a otras personas que forman parte de la vida del miembro con discapacidad (amigos, profesores, otros profesionales, etcétera).
- Ayudan a la persona con discapacidad a:
  — Ser independiente.
  — Llevar a cabo sus tareas y actividades.
  — Mantener buenas relaciones con otras personas.
  — Tomar decisiones adecuadas.

Factor 4. Salud y seguridad (bienestar físico y material)

Se refiere a la salud familiar (tanto física como mental) y condiciones de los contextos en los que viven (hogar, centro educativo, lugar de trabajo, comunidad...). Los indicadores de este factor son:

La familia:
- Recibe asistencia sanitaria cuando la necesita.
- Cuenta con medios de transporte.
- Puede hacer frente a sus gastos.
- Se siente segura en casa, en el lugar de trabajo y en el vecindario/comunidad.
- Se siente informada.

Factor 5. Apoyo a las personas con discapacidad

Hace referencia al nivel de apoyo y oportunidades con que cuenta la persona con discapacidad para participar en actividades como educación, trabajo o tiempo libre. Los indicadores de este factor son:

La persona con discapacidad tiene apoyo para:
- Progresar en el centro educativo o el trabajo.
- Progresar en el hogar.
- Entablar amistades.
- La familia mantiene buenas relaciones con los proveedores de servicios que trabajan con la persona con discapacidad.

La Escala de Calidad de Vida Familiar (ECVF) combina la importancia que la familia le da a cada factor/indicador y la satisfacción con cada uno de ellos. Se entiende que la familia alcanzará el máximo nivel de calidad de vida cuando están completamente satisfechas las necesidades que son realmente importantes para ella.

MAPA DE CALIDAD DE VIDA FAMILIAR						
		Muy insatisfecho	Insatisfecho	Neutral	Satisfecho	Muy satisfecho
Poco importante	Interacción					
	Rol parental					
	Seguridad y salud					
	Recursos					
	Apoyo a la discapacidad					
Algo importante	Interacción					
	Rol parental					
	Seguridad y salud					
	Recursos					
	Apoyo a la discapacidad					
Medianamente importante	Interacción					
	Rol parental					
	Seguridad y salud					
	Recursos					
	Apoyo a la discapacidad					
Muy importante	Interacción	Cuadrante 3	Cuadrante 4			
	Rol parental					
	Seguridad y salud					
	Recursos					
	Apoyo a la discapacidad					
Crucialmente importante	Interacción	Cuadrante 1	Cuadrante 2			
	Rol parental					
	Seguridad y salud					
	Recursos					
	Apoyo a la discapacidad					

Área crítica
Necesidades
de la familia

Fuente: *Manual. Escala de Calidad de Vida Familiar para familias de personas con discapacidad*, Córdoba, Verdugo y Gómez, 2011 (INICO, Universidad de Salamanca, España)

3.2. Desarrollo personal y profesional de la persona con discapacidad tras la incorporación laboral

La incorporación al mercado laboral constituye una poderosa vía para favorecer el desarrollo personal y profesional de las personas con discapacidad. En este sentido, desempeñar un trabajo es más que un fin en sí mismo, es un medio para alcanzar diferentes metas, como una mejora del autoconcepto y la autoestima, un aumento de los niveles de autonomía y autodeterminación, la estructuración del tiempo, la pertenencia a un grupo social (evitando el aislamiento social), el aumento en la cantidad y calidad de interacciones sociales...

La importancia del empleo para las personas con discapacidad no se limita, por tanto, a la obtención de independencia económica, sino que se basa en gran medida en su contribución decisiva a la realización personal y profesional de la persona.

A continuación se enumeran algunas de las áreas del desarrollo personal y profesional que generalmente se ven mejoradas tras la inserción laboral de las personas con discapacidad:

Autonomía

Se entiende que una conducta es autónoma cuando la persona actúa según sus preferencias, intereses y capacidades y, además, lo hace libre de influencias externas o interferencias no deseadas. La incorporación laboral favorece el aumento de los niveles de autonomía, permitiendo a las personas con discapacidad desarrollar una vida lo más satisfactoria e independiente posible.

Inclusión social

Ocupar un puesto de trabajo permite a las personas desenvolverse en entornos sociales, aumentando las oportunidades para establecer vínculos y relaciones con otras personas. El lugar de trabajo suele ser considerado por las personas con discapacidad como un entorno en el que conocer gente nueva, hacer amigos, relacionarse, etc. El trabajo previene el aislamiento social, aumentando el número de interacciones sociales y la calidad de las mismas.

Generalmente, la red de contactos de las personas con discapacidad se limita a otras personas del mismo colectivo que han conocido en centros ocupacionales, centros especiales de empleo, actividades recreativas o de ocio segregado, asociaciones de personas con discapacidad, etc. El empleo le brinda la oportunidad a la persona con discapacidad de relacionarse con personas que no tengan su misma condición.

Autoconfianza

Tras la incorporación al mercado laboral, las personas experimentan un aumento en los niveles de confianza en sí mismos. Esto se debe a que toman conciencia de que poseen las capacidades necesarias para alcanzar los resultados deseados y que tienen mayor control sobre las circunstancias que son importantes para ellas.

Autoconciencia y autoconcepto

El empleo fomenta el desarrollo personal, ya que favorece que la persona tenga una percepción más realista de las posibilidades y limitaciones. A través de la experiencia profesional (resultados obtenidos, valoraciones de otras personas, refuerzos, etc.), la persona con discapacidad toma conciencia de sí misma de manera más precisa, identificando cuáles son sus capacidades, potencialidades y fortalezas, así como sus debilidades y limitaciones.

En ocasiones, las personas con discapacidad desconocen cuáles son sus puntos fuertes y sus capacidades, lo que les limita a la hora de desarrollarse personal y profesionalmente. Por el contrario, existen casos en los que la persona con discapacidad ignora sus limitaciones (estén o no relacionadas con el tipo de discapacidad), lo cual les hace tener unas expectativas poco realistas. En ambos casos, la incorporación laboral favorece el desarrollo de una percepción de los atributos personales ajustada a la realidad.

Toma de decisiones

Los entornos de la persona con discapacidad (como la familia o los servicios de integración sociolaboral) pueden actuar como favorecedores de la capacidad de toma de decisiones (animando a la persona a que realice elecciones relacionadas con aspectos de su vida) o bien como obstaculizadores (limitando las oportunidades de toma de decisiones o reduciendo drásticamente el número de opciones de elección). Por ello, algunas personas con discapacidad tienen deficiencias en las habilidades necesarias para tomar decisiones.

El entorno laboral es un contexto que propicia el desarrollo de la toma de decisiones, mejorando las habilidades necesarias para generar distintas alternativas, seleccionar entre las distintas opciones, realizar elecciones de acuerdo a las propias preferencias o a las demandas de la situación, etcétera.

Resolución de problemas

En los puestos de trabajo se presentan incidencias y problemas que hay que resolver de manera más o menos habitual. Enfrentarse a estas situaciones permite a las personas con discapacidad mejorar sus habilidades de resolución de problemas cotidianos.

Por otro lado, el aumento de la capacidad de resolución de problemas también puede estar relacionado con la incorporación laboral de manera indirecta. Por ejemplo, existe la posibilidad de que la persona tenga que enfrentarse a una situación problemática durante el recorrido hacia su puesto de trabajo, como incidencias relacionadas con los medios de transporte. Este tipo de situaciones vinculadas indirectamente con el trabajo también contribuirán al desarrollo de la habilidad de resolución de problemas cotidianos.

Autorregulación

Para ser capaz de autorregular la propia conducta es necesario poseer habilidades de autoobservación (supervisión de la propia conducta), autoevaluación (juicio acerca de la adecuación de la conducta en comparación con un criterio o estándar) y autorrefuerzo (aplicación personal de reforzamientos tras la conducta apropiada en ausencia de control externo de otra persona).

El trabajo es un entorno que favorece el desarrollo de la capacidad de autorregulación, ya que es un contexto en el que las personas deben evaluar su propia conducta, tomar decisiones sobre cómo y cuándo actuar, y valorar el grado de adecuación de sus comportamientos.

Habilidades sociales y comunicativas

La incorporación laboral favorece la adquisición y desarrollo de habilidades sociales y comunicativas, ya que brinda múltiples oportunidades para poner en práctica dichas competencias en entornos reales.

Con frecuencia, las personas con discapacidad reciben entrenamiento para mejorar sus de habilidades sociales y comunicativas de manera previa a la incorporación a un puesto de trabajo. Sin embargo, es en el propio contexto laboral donde estas competencias se perfeccionan debido, principalmente, al aumento de situaciones de interacción social y al hecho de ser escenarios reales (aumento de la generalización de habilidades).

Competencias laborales

La adquisición y desarrollo de las competencias relacionadas directamente con el empleo se produce, principalmente, en el propio puesto de trabajo. Aunque la persona con discapacidad haya recibido formación previa a la incorporación sobre cómo ejecutar las distintas tareas laborales, el entorno laboral es el escenario donde estas competencias se afianzan. Por ejemplo, una persona con discapacidad intelectual puede recibir formación sobre cómo atender a los clientes en un comercio, adquiriendo ciertas habilidades y conocimientos acerca de dicha función. Sin embargo, el contexto laboral real fomentará el desarrollo de dichas competencias laborales y afianzará las destrezas adquiridas.

Habilidades laborales transversales

Otras habilidades relacionadas con poseer un trabajo, pero con un carácter más transversal que las competencias técnicas, y que se desarrollan tras la incorporación laboral son: pautas de comportamiento social apropiado, habilidades de planificación y organización, adaptación a horarios, capacidad para solicitar y facilitar ayuda, aceptar críticas, etcétera.

RESUMEN

- La actividad profesional es fundamental para cualquier persona, incluyendo a las personas con discapacidad, ya que no solo tiene una función económica (ingresos, independencia económica, etc.), sino que además cumple con otras funciones psicosociales de gran importancia que contribuyen de manera decisiva a la mejora de la calidad de vida.

- En el modelo de calidad de vida propuesto por Robert L. Schalock y M. A. Verdugo (2002) se especifican las siguientes dimensiones: bienestar emocional, relaciones interpersonales, bienestar material, desarrollo personal, bienestar físico, autodeterminación, inclusión social y derechos.

- El impacto que la incorporación laboral tiene en la calidad de vida deberá analizarse teniendo en consideración las diferentes dimensiones que la componen.

- El análisis de la calidad de vida no debe centrarse en la persona con discapacidad, sino incluir también la valoración de los cambios producidos en los entornos donde esta se desenvuelve. Por lo tanto, debe adoptarse una perspectiva ecológica que incluya los diferentes niveles que afectan a la calidad de vida: microsistema, mesosistema y macrosistema.

- Para analizar la calidad de vida de las personas con discapacidad tras la incorporación al empleo pueden utilizarse diferentes herramientas o instrumentos. Una de estas herramientas es la Escala de Calidad de Vida – GENCAT, desarrollada por el INICO (Instituto Universitario de Integración en la Comunidad, Universidad de Salamanca).

- El entorno más cercano a la persona con discapacidad desempeña un papel determinante para su calidad de vida. La calidad de vida de la persona con discapacidad influye en la calidad de vida de su familia, y viceversa.

- La evaluación de la familia y el entorno personal para conocer el impacto del empleo en la calidad de vida puede realizarse con diferentes instrumentos o técnicas, optándose por una u otra herramienta en función de la situación familiar y la disponibilidad de sus componentes.

- Al valorar la calidad de vida de los miembros de la familia de la persona con discapacidad tras la incorporación laboral de esta, es importante analizar detenidamente los puntos coincidentes y los discrepantes.

- La Escala de Calidad de Vida Familiar (ECVF) es un instrumento que se basa en la medición de cinco factores: interacción familiar, recursos generales de la familia y bienestar emocional, rol parental, salud y seguridad (bienestar físico y material) y apoyo a las personas con discapacidad.

- La incorporación al mercado laboral constituye una poderosa vía para favorecer el desarrollo personal y profesional de las personas con discapacidad.

- Algunas de las áreas del desarrollo personal y profesional que generalmente se ven mejoradas tras la inserción laboral de las personas con discapacidad son: autonomía, inclusión social, autoconfianza, autoconciencia y autoconcepto, toma de decisiones, resolución de problemas, autorregulación, habilidades sociales y comunicativas, competencias laborales y habilidades laborales transversales.

ACTIVIDADES DE AUTOEVALUACIÓN

3.1. La calidad de vida...
   a) Es unidimensional.
   b) Tiene componentes objetivos y subjetivos.
   c) Está libre de influencias ambientales.

3.2. ¿A qué dimensión de la calidad de vida pertenecen los indicadores relacionados con la autonomía y la capacidad de tomar las propias decisiones?
   a) Autodeterminación.
   b) Desarrollo personal.
   c) Derechos.

3.3. Según la perspectiva ecológica, ¿qué nivel del sistema que afecta a la calidad de vida está relacionado con el lugar de trabajo?
   a) Microsistema.
   b) Mesosistema.
   c) Microsistema.

3.4. ¿Quién debe cumplimentar los ítems de la Escala de Calidad de Vida – GENCAT?
   a) La persona usuaria.
   b) La familia del usuario.
   c) Los profesionales de los servicios sociales.

3.5. ¿Qué factor de la Escala de Calidad de Vida Familiar (ECVF) hace referencia a la forma en que los progenitores cuidan, orientan, apoyan y guían a los hijos?
   a) Interacción familiar.
   b) Rol parental.
   c) Apoyo a las personas con discapacidad.

ACTIVIDADES DE APLICACIÓN

3.1. Indica a qué dimensiones de la calidad de vida hacen referencia los siguientes indicadores:

• Decisiones personales	• Responsabilidades cívicas
• Privacidad	• Interacciones
• Progreso	• Estatus socioeconómico
• Disminución del estrés	• Actividades de voluntariado
• Actividades comunitarias	• Posesiones
• Autoconcepto	• Actividades significativas
• Salud	• Nutrición
• Intimidad	• Autonomía

3.2. Indica a qué nivel del sistema (micro, meso y macrosistema) pertenecen los siguientes elementos: familia, agencias de servicios de inserción, comunidad, amigos, tendencias sociopolíticas, grupo de iguales, patrones culturales y sociales, vecindario y lugar de trabajo.

Microsistema	
Mesosistema	
Macrosistema	

3.3. Enumera algunas de las áreas del desarrollo personal y profesional que generalmente se ven mejoradas tras la inserción laboral de las personas con discapacidad.

CASO PRÁCTICO

Análisis de la valoración del usuario y su entorno cercano sobre la incorporación al trabajo y la mejora de la calidad de vida

CONTEXTO

Programa: **Empleo inclusivo**

Objetivo general: facilitar la inserción laboral de personas con discapacidad y evaluar el impacto de esta inserción en la calidad de vida de los participantes y su entorno cercano.

Duración: 18 meses.

Participantes: 40 personas con diversas discapacidades que han encontrado empleo a través del programa.

Antecedentes: el programa Empleo Inclusivo ha ayudado a 40 personas con discapacidad a encontrar empleo en el último año y medio. Ahora, se busca analizar cómo esta incorporación al trabajo ha influido en la calidad de vida de los participantes y en la percepción de sus familias sobre su bienestar.

Objetivos:

- Evaluar la valoración de la persona beneficiaria del programa: recopilar y analizar la opinión de los participantes sobre su experiencia laboral y cómo ha afectado su vida personal y profesional.

- Evaluar la valoración del entorno cercano: recopilar y analizar la opinión de las familias sobre los cambios observados en la calidad de vida de los participantes tras la inserción laboral.

- Comparar la calidad de vida: comparar la calidad de vida de los participantes antes y después de la inserción laboral, identificando mejoras y áreas de impacto significativo.

- Hacer recomendaciones: ofrecer sugerencias basadas en los hallazgos para mejorar futuros programas de inserción laboral.

ACTIVIDADES

1. Diseño de herramientas de recogida de información:

   a) Diseña una encuesta para los participantes del programa que incluya preguntas sobre su satisfacción laboral, cambios en su bienestar emocional y calidad de vida.

   b) Diseña una encuesta para las familias o el entorno más cercano que incluya preguntas sobre los cambios observados en el participante y su impacto en el entorno familiar.

   c) Redacta una guía de entrevista para obtener información cualitativa más detallada de algunos participantes y familiares.

2. Elaboración del informe de resultados y presentación:

   a) Esquematiza la estructura del informe final.

   b) Con datos ficticios sobre la comparativa de los resultados pre y posinserción laboral, redacta un informe con los hallazgos, incluyendo secciones de metodología, resultados y recomendaciones, así como gráficos y tablas para ilustrar la mejora en la calidad de vida.

   c) Preparar una presentación con los resultados y recomendaciones, dirigida a los participantes del programa, sus familias y otros interesados.

EJEMPLO DE ENCUESTA PARA PARTICIPANTES DEL PROGRAMA DE INSERCIÓN LABORAL

Instrucciones: Por favor, complete esta encuesta para ayudarnos a entender su experiencia en el programa de inserción laboral. Sus respuestas son confidenciales y se utilizarán para mejorar el programa.

Sección 1: Información general

1. **Edad:**
   - ❏ Menos de 25 años
   - ❏ 25-34 años
   - ❏ 35-44 años
   - ❏ 45-54 años
   - ❏ 55 años o más

2. **Tipo de discapacidad:**
   - ❏ Física
   - ❏ Sensorial
   - ❏ Intelectual
   - ❏ Otra (especificar): _____

Sección 2: Satisfacción laboral

3. **¿Cuánto tiempo llevas trabajando en tu puesto actual?**
   - ❏ Menos de 3 meses
   - ❏ 3-6 meses
   - ❏ 6-12 meses
   - ❏ Más de 12 meses

4. **¿Cuál es tu grado de satisfacción con tu trabajo actual?**
   - ❏ Muy insatisfecho
   - ❏ Insatisfecho
   - ❏ Neutral
   - ❏ Satisfecho
   - ❏ Muy satisfecho

5. **¿Cómo calificarías la accesibilidad de tu lugar de trabajo?**
   - ❏ Muy inaccesible
   - ❏ Inaccesible
   - ❏ Neutral
   - ❏ Accesible
   - ❏ Muy accesible

6. **¿Te sientes apoyado por tus compañeros y supervisores en el trabajo?**
   - ❏ Nunca
   - ❏ Raramente
   - ❏ A veces
   - ❏ Frecuentemente
   - ❏ Siempre

EJEMPLO DE ENCUESTA PARA PARTICIPANTES DEL PROGRAMA DE INSERCIÓN LABORAL

Sección 3: Bienestar emocional

7. **Desde que comenzaste a trabajar, ¿cómo ha cambiado tu nivel de estrés?**
    - ❏ Ha aumentado significativamente
    - ❏ Ha aumentado
    - ❏ No ha cambiado
    - ❏ Ha disminuido
    - ❏ Ha disminuido significativamente

8. **¿Cómo describirías tu estado de ánimo general desde que empezaste a trabajar?**
    - ❏ Muy negativo
    - ❏ Negativo
    - ❏ Neutral
    - ❏ Positivo
    - ❏ Muy positivo

9. **¿Sientes que tu trabajo te proporciona un propósito?**
    - ❏ Nunca
    - ❏ Raramente
    - ❏ A veces
    - ❏ Frecuentemente
    - ❏ Siempre

Sección 4: Calidad de vida

10. **¿Cómo ha afectado tu empleo a tu calidad de vida general?**
    - ❏ Ha disminuido significativamente
    - ❏ Ha disminuido
    - ❏ No ha cambiado
    - ❏ Ha aumentado
    - ❏ Ha mejorado significativamente

11. **¿Cómo ha cambiado tu nivel de independencia desde que comenzaste a trabajar?**
    - ❏ Ha disminuido significativamente
    - ❏ Ha disminuido
    - ❏ No ha cambiado
    - ❏ Ha aumentado
    - ❏ Ha aumentado significativamente

12. **¿Has notado mejoras en tus relaciones personales desde que empezaste a trabajar?**
    - ❏ Han empeorado significativamente
    - ❏ Han empeorado
    - ❏ No han cambiado
    - ❏ Han mejorado
    - ❏ Han mejorado significativamente

EJEMPLO DE ENCUESTA PARA PARTICIPANTES DEL PROGRAMA DE INSERCIÓN LABORAL

Sección 5: Comentarios adicionales

13. Por favor, comparte cualquier comentario adicional sobre tu experiencia laboral y cómo ha afectado tu vida.

EJEMPLO DE ENCUESTA PARA PARTICIPANTES DEL PROGRAMA DE INSERCIÓN LABORAL (VERSIÓN LECTURA FÁCIL)

Instrucciones: Por favor, responde a estas preguntas para que podamos entender cómo te ha ido en el programa de trabajo. Tus respuestas son privadas y solo las usaremos para mejorar el programa. Por cada pregunta, marca solo una opción.

1: Información general

1. Edad:
   - ❏ Menos de 25 años
   - ❏ 25-34 años
   - ❏ 35-44 años
   - ❏ 45-54 años
   - ❏ 55 años o más

2. Tipo de discapacidad:
   - ❏ Física (movimiento)
   - ❏ Sensorial (vista, oído)
   - ❏ Intelectual (aprendizaje…)
   - ❏ Otra (especificar): _____

2: Satisfacción laboral

3. ¿Cuánto tiempo llevas en tu trabajo?
   - ❏ Menos de 3 meses
   - ❏ 3-6 meses
   - ❏ 6-12 meses
   - ❏ Más de 12 meses

4. ¿Te gusta tu trabajo?
   - ❏ No me gusta nada
   - ❏ No me gusta
   - ❏ Me da igual
   - ❏ Me gusta
   - ❏ Me gusta mucho

5. **En tu lugar de trabajo, ¿es fácil llegar y moverse?**

   ❑ Es muy difícil llegar o moverse
   ❑ Es difícil llegar o moverse
   ❑ Ni fácil ni difícil
   ❑ Es fácil de llegar o moverse
   ❑ Es muy fácil de llegar o moverse

6. **¿Tus compañeros y jefes te ayudan en el trabajo?**

   ❑ Nunca
   ❑ Casi nunca
   ❑ A veces
   ❑ Muchas veces
   ❑ Siempre

3: Bienestar emocional

7. **¿Te sientes más estresado desde que empezaste a trabajar?**

   ❑ Tengo mucho más estrés
   ❑ Tengo más estrés
   ❑ Igual que antes
   ❑ Tengo menos estrés
   ❑ Tengo mucho menos estrés

8. **¿CCómo te sientes desde que empezaste a trabajar?**

   ❑ Muy mal
   ❑ Mal
   ❑ Ni bien ni mal
   ❑ Bien
   ❑ Muy bien

9. **¿Sientes que tu trabajo es útil?**

   ❑ Nunca
   ❑ Pocas veces
   ❑ A veces
   ❑ Muchas veces
   ❑ Siempre

4: Calidad de vida

10. **¿Cómo te sientes en general desde que empezaste a trabajar?**

    ❑ Mucho peor
    ❑ Peor
    ❑ Igual que antes
    ❑ Mejor
    ❑ Mucho mejor

EJEMPLO DE ENCUESTA PARA PARTICIPANTES DEL PROGRAMA DE INSERCIÓN LABORAL (VERSIÓN LECTURA FÁCIL)

11. Desde que estás trabajando, ¿te sientes más capaz de hacer las cosas por ti mismo sin ayuda?

- ❑ No, soy menos capaz de hacer las cosas por mí mismo
- ❑ Igual que antes
- ❑ Sí, soy más capaz de hacer las cosas por mí mismo

12. ¿Tienes mejores relaciones con otras personas desde que empezaste a trabajar?

- ❑ Mis relaciones con otras personas son peores
- ❑ Igual que antes
- ❑ Mis relaciones con otras personas son mejores

5: Comentarios adicionales

13. ¿Hay algo más que quieras decir sobre cómo es trabajar y cómo afecta tu vida?

GLOSARIO

- **Autoconciencia:** capacidad de una persona para reconocer y comprender sus propias emociones, pensamientos y valores, y cómo estos influyen en su comportamiento.

- **Autoconcepto:** percepción y valoración que una persona tiene de sí misma, basada en sus experiencias, creencias y sentimientos sobre sus capacidades y características.

- **Autoconfianza:** creencia en la propia capacidad para enfrentar y superar desafíos, logrando objetivos personales y profesionales con éxito.

- **Autodeterminación:** habilidad para tomar decisiones y controlar la propia vida, ejerciendo la libertad de elección y acción de manera independiente y responsable.

- **Autorregulación:** capacidad de gestionar y controlar las propias emociones, pensamientos y comportamientos de manera efectiva, especialmente en situaciones desafiantes.

- **Bienestar emocional:** estado de equilibrio y satisfacción emocional, caracterizado por sentimientos de felicidad, seguridad y tranquilidad.

- **Bienestar material:** nivel de satisfacción con los recursos materiales disponibles, incluyendo vivienda, alimentación, ropa y otros bienes necesarios para una vida digna.

- **Calidad:** medida en que un programa o servicio cumple con los estándares de excelencia y satisfacción de las necesidades de los participantes.

- **Desarrollo personal:** proceso continuo de crecimiento y mejora en áreas como habilidades, conocimientos, actitudes y valores, contribuyendo a la realización personal y profesional.

- **Habilidades sociales:** conjunto de competencias que permiten interactuar eficazmente con otras personas, incluyendo la comunicación, la empatía, la cooperación y el manejo de conflictos.

- **Habilidades comunicativas:** capacidad para expresar ideas, sentimientos e información de manera clara y efectiva, tanto verbalmente como por escrito, y comprender a los demás.

- **Inclusión social:** proceso de integrar a todas las personas, independientemente de sus características personales o sociales, en la vida comunitaria y en la participación plena de oportunidades y recursos.

- **Relaciones interpersonales:** vínculos y conexiones que se establecen entre personas, basados en la comunicación, el respeto y la colaboración, y que influyen en el bienestar y la satisfacción personal.

- **Resolución de problemas:** habilidad para identificar, analizar y encontrar soluciones efectivas a situaciones difíciles o desafiantes, utilizando el pensamiento crítico y/o la creatividad.

- **Rol parental:** funciones y responsabilidades que una persona asume al cuidar y educar a sus hijos, contribuyendo a su desarrollo integral y bienestar.

- **Toma de decisiones:** proceso de evaluar opciones y elegir la más adecuada para lograr un objetivo o resolver un problema, considerando las posibles consecuencias y beneficios.

MAPA CONCEPTUAL

ANÁLISIS DE LA CALIDAD DE VIDA TRAS LA INCORPORACIÓN LABORAL

IMPACTO DEL EMPLEO EN LA CALIDAD DE VIDA

DESARROLLO PERSONAL Y PROFESIONAL DE LA PERSONA CON DISCAPACIDAD TRAS LA INCORPORACIÓN LABORAL

Análisis de la calidad de vida:
– Desde el punto de vista
  del trabajador
– Desde el punto de vista de la
  familia y/o su entorno persona

Comparativa de indicadores antes
y después de la inserción laboral:
– Bienestar emocional
– Relaciones interpersonales
– Bienestar material
– Desarrollo personal
– Bienestar físico
– Autodeterminación
– Inclusión social
– Derechos

Áreas del desarrollo personal y profesional
que mejoran tras la inserción laboral
de las personas con discapacidad:
– Autonomía
– Inclusión social
– Autoconfianza
– Autoconciencia y autoconcepto
– Toma de decisiones
– Resolución de problemas
– Autorregulación
– Habilidades sociales y comunicativas
– Competencias laborales
– Habilidades laborales transversales
  (pautas de comportamiento social
  apropiado, habilidades de planificación
  y organización, adaptación a horarios,
  capacidad para solicitar y facilitar
  ayuda, aceptar críticas, etcétera)

Bibliografía

Anguera, M. T. (1989): «Innovaciones en la metodología de evaluación de programa». *Anales de la Psicología* (número monográfico), 5, 13-42.

Alvira, M. F. (1996): «Metodología de la evaluación de programas». *Cuaderno Metodológico,* n.º 2, Centro de Investigaciones Sociológicas.

Bamberger, M. y Segone, M. (2010): *Cómo diseñar y gestionar evaluaciones basadas en la equidad.* Fondo de Naciones Unidas para la Infancia (UNICEF).

Becerra, M. T. *et al.* (2008): «Evaluación de un programa de apoyo laboral para trabajadores con discapacidad intelectual en tareas con elevada exigencia cognitiva». *Revista Española sobre Discapacidad Intelectual,* vol. 39 (2), n.º 226, pp. 63-81.

Blanco, A., y Chacón, F. (1985): «Evaluación de la calidad de vida». En J. F. Morales, A. Blanco, C. Huici, y J. M. Fernández (Eds.) *Psicología social aplicada* (pp. 183-210). Bilbao: Descleé de Brouwer.

Bustelo, M. (1999): «Diferencias entre investigación y evaluación: una distinción necesaria para la identidad de la evaluación de programas». *Revista Española de Desarrollo y Cooperación,* n.º 4, pp. 9-29.

Cea D'Ancona, M. A. (1996): *Metodología cuantitativa: estrategias y técnicas de investigación social.* Madrid: Síntesis.

Ceniceros Estévez, J. C. y Oteo Antuñano, E. (2003): *Orientación sociolaboral basada en Itinerarios: Una propuesta metodológica para la intervención con personas en riesgo de exclusión.* Madrid: Fundación Tomillo.

Chacón Moscoso, S. López Ruiz, J. y Pérez Gil, J. A. (2012): «Metodología de la evaluación de programas en servicios sociales». *Apuntes de Psicología,* 2012, Vol. 30 (1-3), pp. 111-118. *Número especial: 30 años de Apuntes de Psicología.* ISSN 0213-3334.

Dueñas, M. L. (2000): «Evaluación de programas de atención a niños con discapacidades». *Revista de Investigación Educativa,* vol. 18, n.º 2, pp. 601-609.

FEEDEI (2004): *Identificación y Diagnóstico Integral de las Empresas de Inserción en España.* Madrid: Editorial Popular.

Fundación ONCE (2009): *Guía de responsabilidad social empresarial y discapacidad de la Fundación ONCE.* Madrid: Fundación ONCE.

Jordán De Urríes, F. B. y Verdugo, M. A. (2010): «Evaluation and follow up of Supported Employment initiatives in Spain from 1995 to 2008». *Journal of Vocational Rehabilitation* 33, pp. 39-49.

López-Aranguren Marcos, L. M. (1999): «Las empresas de inserción, un nuevo y eficaz recurso en la lucha contra la exclusión». Fundación Tomillo. Madrid. *Intervención Psicosocial,* 1999, vol. 8, n.º 3, pp. 299-306.

López-Aranguren Marcos, L. M. (2002): «Las empresas de inserción en España: un marco de aprendizaje para la inserción laboral». Madrid: Ed. CES.

Ministerio de Sanidad, Política Social e Igualdad (2012): *Estrategia Española sobre Discapacidad 2012-2020.* Madrid: Ministerio de Sanidad, Política Social e Igualdad.

Ministerio de Sanidad y Política Social (2008): *Estrategia global de acción para el empleo de personas con discapacidad 2008-2012.* Madrid: Ministerio de Sanidad y Política Social.

Pallisera Díaz, M. y Rius Bonjoch, M. (2007): «¿Y después del trabajo, qué? Más allá de la integración laboral de las personas con discapacidad». Departamento de Pedagogía de la Universidad de Girona. *Revista de Educación,* 342. Enero-abril 2007, pp. 329-348.

O'Brien, J. (1990): *Working on... A Survey of Emerging Issues in Supported Employment for People with Severe Disabilities.* Syracuse: Responsive Systems Associates.

ONU (1984): *Pautas básicas para el seguimiento y evaluación de programas.* Mimeo FEGS. Caracas, Venezuela.

Rodríguez, G., García, C. y Toharia, L. (2009): *Evaluación de las políticas de empleo para personas con discapacidad y formulación y coste económico de nuevas propuestas de integración laboral.* Telefónica y CERMI. Madrid: Ediciones Cinca.

Schalock, R. y Verdugo, M. A. (2007): El concepto de calidad de vida en los servicios y apoyos para personas con discapacidad intelectual. *Revista Española sobre Discapacidad Intelectual,* vol. 38 (4). N.º 224. 2007, pp. 21-36.

Schalock, R. y Verdugo, M. A. (2003): *Calidad de vida: Manual para profesionales de la educación, salud y servicios sociales.* Alianza Editorial, S.A.

Schalock, R. y Verdugo, M. A. (2013): *El cambio en las organizaciones de discapacidad: estrategias para superar sus retos y hacerlo realidad.* Alianza Editorial, S.A.

Vallés, M. (1999): *Técnicas cualitativas de investigación social: reflexión metodológica y práctica profesional.* Madrid: Síntesis.